U0006230

［最新］世界衝突地圖

解析區域衝突，了解全球局勢

帕斯卡·博尼法斯
Pascal Boniface

于貝爾·凡德林
Hubert Védrine —— 著

林舒瑩 —— 譯

ATLAS DES CRISES
ET DES CONFLITS

序

很遺憾地，平靜祥和的世界仍然遙不可及。自19世紀初以來，世界各地的緊張情勢占據了每天的新聞頭條，直到今日，依舊不斷上演著危機與衝突。

在《最新世界情勢地圖》一書中，我們描述了世界成立的基礎、運轉的動力，以及不同的詮釋角度。本書中，我們把動搖地球的危機與衝突全數盤點了一遍。我們不討論沒有外力介入的國內爭端，只有因他國影響而觸發，或是牽扯到國際關係而加劇的危機或衝突，才是本書的探討重點。

在本書第一部，我們會說明引發危機的各種原因。第二部，我們聚焦於正在發生的危機，探討其背景、關鍵、目前的狀況和未來可能的發展。最後，第三部，我們希望能找出解決衝突的可能機制。

我們不妄下評論，僅提供理解與解密的關鍵。假如將聚光燈集中於某一場危機或衝突上，能夠讓讀者看見它、理解它，甚至預測它的發展，那就是我們希望達成的目標。

帕斯卡・博尼法斯（Pascal Boniface）
于貝爾・凡德林（Hubert Védrine）

目次

衝突原因

危機與衝突

未來的可能狀況

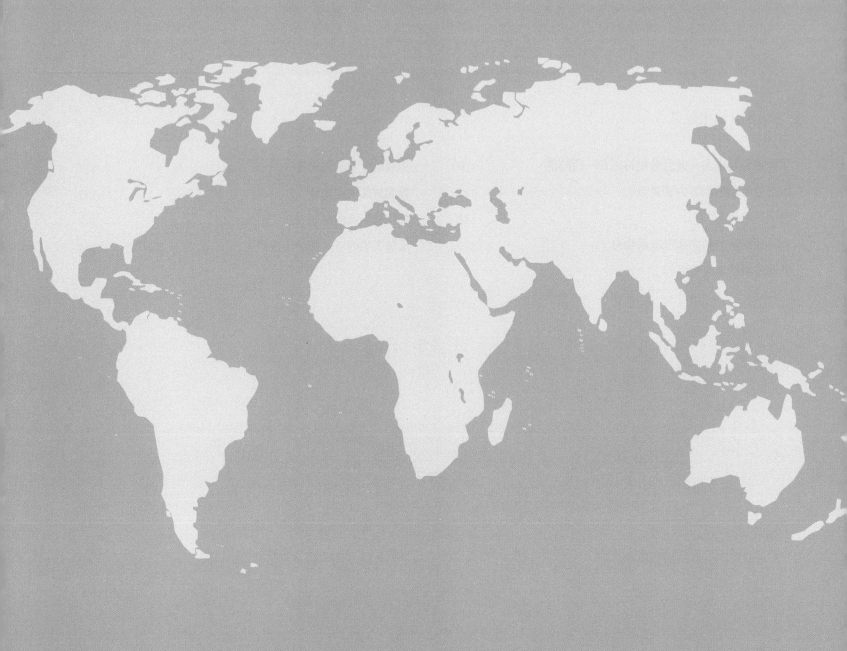

衝突原因

和平世界的假象

除了陷入民族主義式的集體憤怒與恐慌之時，一般來說，不論是世人或國家領導者，都希望能生活在和平與安全之中。然而這個願望幾乎從沒能真正實現，除了少數國家的少數居民，而且維持的時間也很短暫，譬如近幾十年的歐洲。

康德所提出的永久和平構想不過是1795年的事。在此之前，孟德斯鳩認為「和平來自國家之間的『溫和貿易』」。但事情往往不會那麼簡單。

英國經歷了數十年的經濟、商業與貨幣全球化，1914 年，國際關係中最具影響力之一的英國作家亨利・布萊爾斯福德（H. N. Brailsford）提到：「六個最大強權國家之間將不再有戰爭。」很多人都認為英德之間的經濟依存太深，兩國之間根本不可能挑起戰爭，於是第一次世界大戰的屠殺被認為是「最後的最後」。

儘管威爾遜總統許了個烏托邦式的願望，儘管成立了「國際聯盟」這種組織，國際間卻從未對「和平」達成共識。在 1945 年及令人髮指的第二次世界大戰之後，「聯合國」似乎也未能真正達到「聯合」的作用。

聯合國的「聯合」概念無疑是過度樂觀了。在二戰激烈的衝突之後，存在於東西方之間的分歧，根本就不容許建立一個由聯合國支持的真正集體安全。戰勝國普遍認為只有圍繞著軍事聯盟建立起來的安全才可靠。武力的威懾和恐怖平衡，讓兩大陣營在所謂「戰後」的冷戰時期都不敢輕言戰爭。但是在其他大陸上，在當時所謂的「第三世界」，竟有多達160多場的武裝衝突，包括去殖民化戰爭，造成4千多萬人喪生。

1991年年底，蘇聯解體，冷戰結束，東西之間的那道牆也瓦解了，只是美國的宣言並沒有帶來「新的世界秩序」，更遑論建立大家一直在強調的真正的集體安全。1990年代的美國，比以往任何時期都更強大，是名符其實的超級強權，雖然後來對他國過多的干涉行為使其踢到許多鐵板，但至今無論是在軍事、戰略、經濟、科技或軟實力（soft power）方面，仍沒有其他強權能與之抗衡，即使是目前軍事、經濟與科技力量都在快速成長的中國也一樣。

2019年，就人民和意識形態的層面來說，世界要形成一個真正的「聯合國」或是能讓大家遵守的全球秩序，還有很長一段路要走。

儘管當今世界因市場「全球化」而似乎趨向同質化，就連美國前總統川普（Donald Trump）也在一些高峰會上強調分享的價值，但這個世界仍舊處於四分五裂的狀態。世人所擁有的記憶、不安、恐懼與願望各不相同。西方世界與俄羅斯、中國和穆斯林世界之間的混沌與分化依舊複雜且顯而易見；同樣的衝突也發生在伊斯蘭國家、在中國與其他亞洲國家、在俄羅斯與其鄰國，甚至在西方國家之間……這種情況比比皆是。意識形態的分歧已然改變，但並未消失；歷史、文化與宗教的認同，以及民族的對立也一樣。歷史的巨輪往往以粗暴或悲劇的方式前進，一再發生的武裝衝突就是明證。

也因為如此，非常遺憾地，世界衝突地圖才會需要不斷更新。

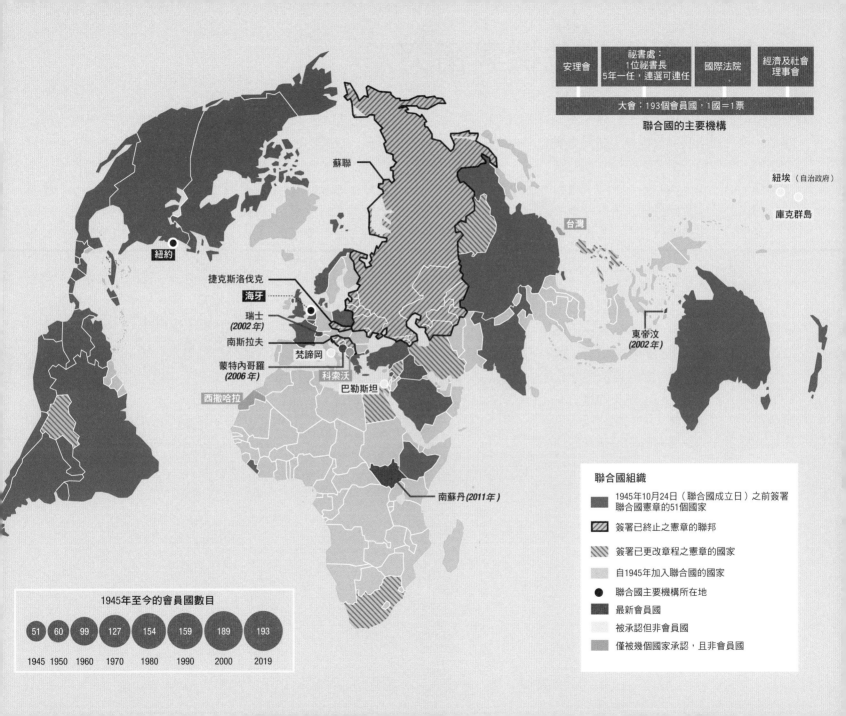

聯合國的主要機構

安理會	祕書處： 1位祕書長 5年一任，連選可連任	國際法院	經濟及社會 理事會

大會：193個會員國，1國＝1票

蘇聯

紐埃（自治政府）

庫克群島

台灣

紐約

捷克斯洛伐克

海牙

瑞士
(2002 年)

南斯拉夫

梵諦岡

蒙特內哥羅
(2006 年)

科索沃

巴勒斯坦

東帝汶
(2002 年)

西撒哈拉

南蘇丹 (2011年)

聯合國組織

- ■ 1945年10月24日（聯合國成立日）之前簽署
  聯合國憲章的51個國家
- ▨ 簽署已終止之憲章的聯邦
- ▨ 簽署已更改章程之憲章的國家
- □ 自1945年加入聯合國的國家
- ● 聯合國主要機構所在地
- ■ 最新會員國
- □ 被承認但非會員國
- ■ 僅被幾個國家承認，且非會員國

1945年至今的會員國數目

51	60	99	127	154	159	189	193
1945	1950	1960	1970	1980	1990	2000	2019

持續不斷的危機與衝突

各種對抗與競爭仍在各地上演，衝突隨之而來，進而演變成危機，甚至演變成熱戰，例如這些年來的非洲大湖地區（African Great Lakes）、葉門、敘利亞、利比亞、烏克蘭等地。這些危機並不一定都可以避免，而且不管是否出於自願，擦槍走火也時有所見。

引發危機與衝突的原因，有些由來已久，有些則是新近才產生，包括對領土的野心、爭奪能源與原物料、經濟市場的競爭、對領土及居民的安全威脅，或是意識形態、種族、宗教、身分與文化的對立，甚至集體恐懼。歷史的傷口有時會讓人表現得節制（在某些情況下，慘痛的歷史經驗終將被克服，法德關係就屬於這種例子），有時又會滋養出一種未獲得補償或公正對待的心態，一種報復的欲望，一種為了自衛而攻擊的恐懼。這些傷口因人口因素而歷久彌新，也因為人口的流動性、遷移、對身分的恐懼，以及全球無限制的經濟發展所導致的能源短缺和環保意識抬頭而持續存在。全球化造成數億人口的極端貧富差距，只會讓傷口愈來愈深。

儘管國際活動的參與者數量呈倍數成長且多樣化發展，國家依舊是國際舞台上的關鍵要角。

事實上，儘管近30年來，歐洲主義者（或是自由主義者、左派）相信自由市場、公民社會、個人主義與歐盟更勝於國家，然而國際關係與衝突的主要參與者，最終仍是國家，並非個人。

於是這些參與者就在一個龐大的多邊框架中，在一個可能是多頭的權力場域裡搖擺前進。這個場域囊括成千上萬的跨國企業、銀行、貿易商、非政府組織（NGO）、大型國際媒體、宗教（教宗、達賴喇嘛），以及眾多非典型且有影響力的團體（例如諾貝爾委員會、國際奧委會、國際足球總會）之間的競爭行為，更甭提早就全球化的非法（避稅天堂）或犯罪（黑手黨）經濟，以及意圖影響、脅迫、逃避國家政府或使其中立化的次國家參與者（遊說團體）……。

然而，無論是國與國之間或國內的衝突，形成原因各不相同，引發的過程也大相徑庭。

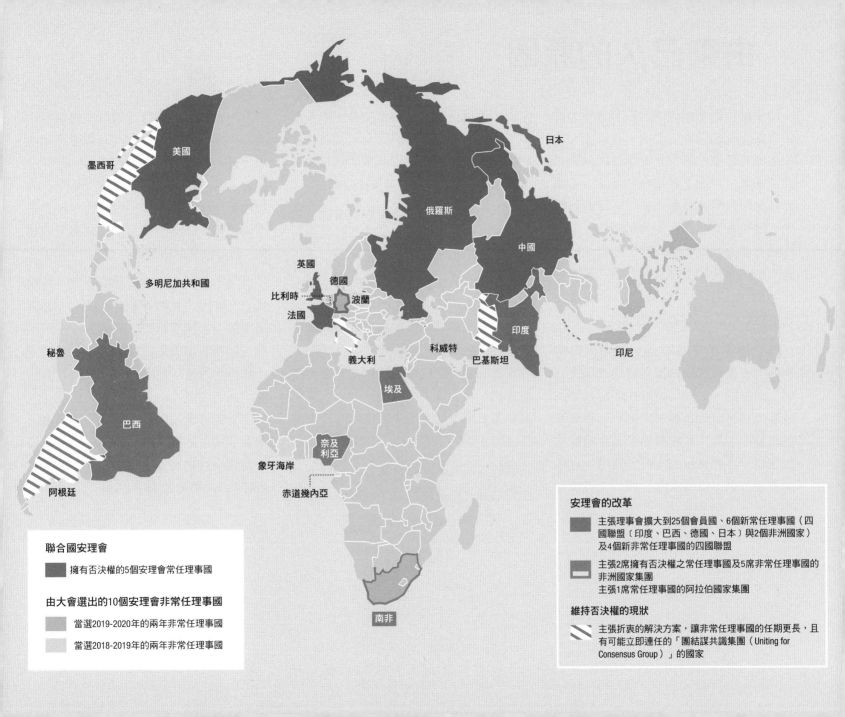

日本

美國

墨西哥

俄羅斯

中國

英國
德國
比利時
波蘭
法國

多明尼加共和國

義大利
科威特
印度

巴基斯坦

印尼

秘魯

埃及

巴西

奈及
利亞

象牙海岸

阿根廷

赤道幾內亞

南非

安理會的改革

■ 主張理事會擴大到25個會員國、6個新常任理事國（四
國聯盟〔印度、巴西、德國、日本〕與2個非洲國家）
及4個新非常任理事國的四國聯盟

▭ 主張2席擁有否決權之常任理事國及5席非常任理事國的
非洲國家集團
主張1席常任理事國的阿拉伯國家集團

聯合國安理會

■ 擁有否決權的5個安理會常任理事國

由大會選出的10個安理會非常任理事國

▨ 當選2019-2020年的兩年非常任理事國

▧ 當選2018-2019年的兩年非常任理事國

維持否決權的現狀

▨ 主張折衷的解決方案，讓非常任理事國的任期更長，且
有可能立即連任的「團結謀共識集團（Uniting for
Consensus Group）」的國家

由來已久的原因

造成國家之間衝突的原因有很多，其中有些可說跟世界的歷史一樣悠久。首先是源自群體的需求——這裡的群體指的是國家——除了確保自身安全，有能力抵抗所有潛在威脅，更近一步關係到如何擴大其影響力。對於防禦的憂慮以及渴望權力與征服的天性，兩者如同纏繞的線，永遠無法透過辯證將其釐清。前者的提出突顯了溝通的必要及重要性，然而後者才是問題的根本。

許多國家在意識形態和公開價值的掩護下，依舊持續採取對峙的立場。它們一面對峙，一面真誠地相信這些意識形態，或是以此為藉口來掩飾一些更物質的動機，和一些較難「推銷」給輿論的利益。它們直接或間接地對峙，以滿足帝國主義、霸權主義、擴張主義或保衛領土（土地、海洋、天空、太空）的企圖，確保至關重要的原物料（水或能源）供給及戰略路線的安全，維持科技與技術的不斷進步，以免被他國超越，抑或藉此削弱競爭對手或支援盟國。

某些因殖民化、非殖民化或帝國瓦解而變本加厲的敵對與傳承，一直在維持與激化因宗教因素（經常被否認）或意識形態引發的衝突與緊張情勢，甚至愈演愈烈。當局或各種組織、網路與遊說團體，又經常利用這些容易動員的因素來煽動公眾輿論。當決策者認為情況毫無希望或轉圜的餘地，或是當恐懼與狂熱撩起了致命且失控的輿論之火，只有訴諸軍事或政治手段才能控制一切，這時他們就會使用武力。

網路連線與社交網路的普及，讓這些現象比以前更嚴重且更快速形成。由於群眾的個人主義盛行，讓那些指望利用輿論來鞏固政權的政府有時顯得不知所措，甚至無法控制事情的發展。此外，除非軍備方面極度不平衡，促使一方利用某個（或許也只是暫時的）優勢，否則軍備支出既是緊張情勢的表現與結果，也是衝突的根源。

以武力解決領土與邊界的爭端，控制通道、海峽、島嶼與戰略路線，一如控制水源、水壩與河流，或是石油、天然氣、鈾與各種戰略礦藏，甚至占用耕地（蘇丹的達佛、盧安達、剛果民主共和國的基伍地區〔Kivu〕）等，目前在世界上大部分地區仍舊是最重要的議題。在先進國家之間，彼此的衝突更擴展到商業間諜活動、太空活動，甚至擴展到新戰場——數位領域。

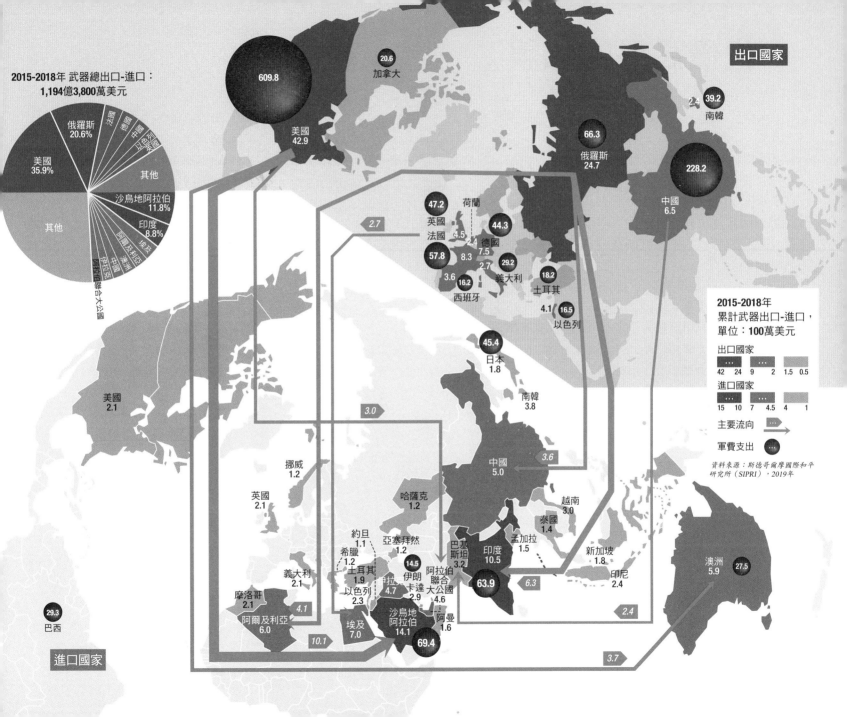

2015-2018年 武器總出口·進口：
1,194億3,800萬美元

出口國家

進口國家

俄羅斯 20.6%
法國
德國
中國
以色列
美國
美國 35.9%
其他
其他
沙烏地阿拉伯 11.8%
印度 8.8%
埃及
阿爾及利亞
中國
澳洲
伊拉克
阿拉伯聯合大公國

609.8
美國 42.9

20.6
加拿大

2.4 39.2
南韓

66.3
俄羅斯 24.7

228.2
中國 6.5

47.2
英國
荷蘭
法國
4.5
2.4
44.3
德國 7.5
57.8
8.3
2.7
29.2
義大利
18.2
土耳其
3.6
16.2
西班牙
4.1 16.5
以色列

45.4
日本 1.8

南韓 3.8

中國 5.0
3.6

越南 3.0

美國 2.1

挪威 1.2

英國 2.1

哈薩克 1.2

泰國 1.4

新加坡 1.8

印尼 2.4

澳洲 5.9
27.5

約旦 1.1
希臘 1.2
亞塞拜然 1.2
巴基斯坦 3.2
孟加拉 1.5

義大利 2.1
土耳其 1.9
以色列 2.3
14.5
伊朗
卡達 2.9
阿拉伯聯合大公國 4.6

印度 10.5

6.3

摩洛哥 2.1
4.1
4.7

63.9

29.3
巴西

阿爾及利亞 6.0
10.1
埃及 7.0

沙烏地阿拉伯 14.1
69.4
阿曼 1.6

2.4

3.7

2.7

3.0

2015-2018年
累計武器出口·進口，
單位：100萬美元

出口國家
42 24 9 2 1.5 0.5

進口國家
15 10 7 4.5 4 1

主要流向

軍費支出

資料來源：斯德哥爾摩國際和平
研究所（SIPRI），2019年

進口國家

代價高昂的錯誤

1967年，當以色列人奪取埃及（西奈半島、加薩走廊）、約旦（約旦河西岸）及敘利亞（戈蘭高地）的領土時（這些地方都變成「占領區」），聲稱他們必須先發動攻擊才能自保，其次才是征服與殖民精神，然而後者的主張即使在以色列國內也不見得能獲得一致的認同。

1979年，當蘇聯對阿富汗進行軍事干涉時，其說法是鑒於前車之鑑，不能讓政府被推翻，而這麼做是為了保護它的「兄弟邦」，保護一個新興但脆弱的共產政權。然而這場戰爭非但沒有鞏固蘇維埃陣營，反而加速它的崩落。36年後，為了防止盟友兼債務人巴沙爾·阿薩德（Bashar al-Assad）垮台，俄羅斯更加深了對敘利亞的干涉。

1990年，薩達姆·海珊（Saddam Hussein）犯了一個嚴重的錯誤，就是指望戈巴契夫（Mikhail Gorbachev）在聯合國安理會上對他入侵及併吞科威特一事的決議投下反對票。海珊沒有意識到，對於推動改革而備受國內爭議的戈巴契夫來說，蘇聯經濟現代化才是第一順位，而蘇聯與西方國家的關係當然比保護一個公然違反國際法的可疑盟邦來得更重要。

海珊以為冷戰期間的規則將繼續引領風向，但是戈巴契夫卻將自己推向「世界新秩序」的願景，也就是各大國同意透過聯合國安理會共同管理集體安全。然而戈巴契夫也錯了，錯在把賭注押在一個在他下台後沒有實現，美國也不希望實現的願景上。

米洛塞維奇（Slobodan Milošević）也犯了同樣的錯誤。1980年代末，他以團結被狄托（Josip Broz Tito，南斯拉夫首任總統）分散到南斯拉夫聯邦各州的塞爾維亞人為藉口，推動南斯拉夫解體。他以為自己可以隨心所欲，為達目的不擇手段，而且不會受到懲罰。米洛塞維奇對戰略模式的改變視而不見（某種程度上來說，圖季曼〔Franjo Tudjman〕對克羅埃西亞所做的也是同樣事情），而事實證明他錯得離譜。

1992年，俄羅斯迫不得已承認波羅的海三國、南高加索地區以及烏克蘭（自15世紀以來就屬於俄羅斯的一部分）獨立。然而 2008年的夏天，俄羅斯為了維護自身利益，以迅雷不及掩耳的速度，粉碎了當時喬治亞總統薩卡希維利（Mikheil Saakashvili）恢復領土完整的企圖。在2014年3月，普丁（Vladimir Putin）更以基輔獨立廣場（Maidan Nezalezhnosti）叛亂分子的反俄挑釁為藉口，收回克里米亞——實際上是為了阻止烏克蘭加入北大西洋公約組織（NATO），以及避免失去塞凡堡（Sevastopol）的海軍基地。

尋找大規模殺傷性武器（美國國務卿科林·鮑威爾〔Colin Powell〕篤信這一點）與911陰謀論，都不是小布希（George W. Bush）在2003年發動伊拉克戰爭的理由，而是在世貿中心遭受巨大痛苦與屈辱（3,000人死亡、6,300人受傷）之後，美國必須再次展現無可取代的力量（順便替老布希〔George H. W. Bush〕報一箭之仇）。如果只是為了石油，那麼和海珊協議（以伊拉克石油解除制裁的保證）應該會比較容易達成，而且長期來講會比較妥當。發動伊拉克戰爭的動機，是想透過建立穩定的親美民主國家來恢復美國的聲望，重繪中東戰略地圖。

2011年，美國原本為了保護人民免受獨裁者（格達費）的暴行而介入利比亞內戰，最終也帶來了災難性的後果。

結果顯示，過分自信及長期缺乏現實的願景，都可能招致災難性的後果。

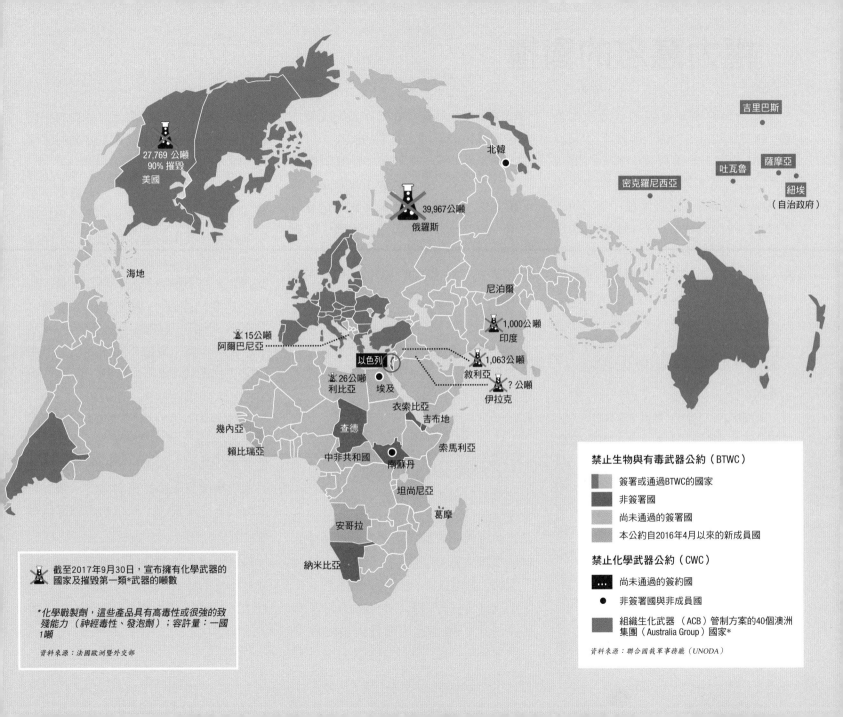

吉里巴斯

密克羅尼西亞

吐瓦魯　薩摩亞

紐埃
（自治政府）

27,769 公噸
90% 摧毀
美國

39,967公噸
俄羅斯

北韓

海地

尼泊爾

15公噸
阿爾巴尼亞

1,000公噸
印度

以色列

1,063公噸
敘利亞

26公噸
利比亞　埃及

? 公噸
伊拉克

幾內亞

衣索比亞

吉布地

賴比瑞亞

查德

索馬利亞

中非共和國　南蘇丹

坦尚尼亞

葛摩

安哥拉

納米比亞

截至2017年9月30日，宣布擁有化學武器的
國家及摧毀第一類*武器的噸數

*化學戰製劑，這些產品具有高毒性或很強的致
殘能力（神經毒性、發泡劑）；容許量：一國
1噸

資料來源：法國歐洲暨外交部

禁止生物與有毒武器公約（BTWC）

簽署或通過BTWC的國家

非簽署國

尚未通過的簽署國

本公約自2016年4月以來的新成員國

禁止化學武器公約（CWC）

尚未通過的簽約國

非簽署國與非成員國

組織生化武器 （ACB）管制方案的40個澳洲
集團（Australia Group）國家*

資料來源：聯合國裁軍事務廳（UNODA）

權力意志的衝撞

強國以火力壓制鄰國的欲望亙古不變。1823年12月，美國門羅總統（James Monroe）宣布北美與南美將不再開放歐洲列強（尤其針對西班牙）殖民，美國也將永不再介入歐洲事務（喬治·華盛頓〔G. Washington〕在1796年的告別演說中已有此建議）。1904年，老羅斯福（Theodore Roosevelt）藉由「羅斯福推論（Roosevelt Corollary）」，對門羅主義中的擴張主義提出了解釋；根據該主義，美國冒稱具有權利介入被其視為「後院」的拉丁美洲與加勒比海國家。

俄羅斯想重新控制「鄰近外國」的欲望，某種程度是對西方世界的報復（因其認為西方國家從1990年代的蘇聯解體及俄國衰弱中得到了好處），而其仍執迷於保有通向溫暖海域的通道，以及討回前蘇聯在中亞和敘利亞等地的勢力範圍。中國強烈渴望鞏固區域性的海陸霸權，遏阻周邊戰略區域（西藏、新疆穆斯林、蒙古及其他地方）的少數民族復甦，多少出於想要「洗刷」19世紀所受的恥辱。還有印度自1947年以來對巴基斯坦、斯里蘭卡、孟加拉的政策；越南

與泰國對柬埔寨及現在的寮國的政策；以色列自1967年（尤其是1980年）以來在巴勒斯坦領土上的政策；土耳其總統艾爾多安（Recep Tayyip Erdoğan）的「鄂圖曼」回憶再現政策；衣索比亞的政策⋯⋯以及即使手段完全不同，歐洲也堅信可以透過組織合作、夥伴關係、附加條件、睦鄰政策，甚至軍事干涉（科索沃）或維持和平（馬其頓）等方式，來安定其東南方邊境。

至於當代美國則認為自己的影響力必須是全球性的。然而為達成此一目標所選擇的手段，卻是從一個極端到另一個極端。

當認為某個（在宗教、種族、語言或政治上）相近族群──或是鄰近國家──受到威脅，為了捍衛或保護其利益，以國家名義採取政治或軍事上的干涉似乎是可接受的。一如法國基於君主制度的傳統保護東方基督教徒，俄羅斯也打算「保護」居住在鄰近外國的俄羅斯人；伊朗支持（或利用）伊朗境外的什葉派穆斯林，中國則愈來愈懂得凝聚散居在世界各地，尤其是東南亞的華僑，諸

如此類。每個強權國家都有各自的手段來保護其海外公民（例如在非洲的法國人，或是在世界各地的美國人）。

即使在全球化的影響下，宣教與「勸誘改宗（proselytism）」的行為（例如伊斯蘭教徒、美國的新教傳教士）不僅沒有消失，甚至比意識形態或政治更具有號召力。西方世界仍舊在現實主義（關注國家間的平衡，甚過理想與道德）與宣教人權之間擺盪。但是除了1979年以來的伊朗，以及小布希的部分中東政策（2001-2008年）以外，這些行動多是私人組織的作為，而非國家主導。在沙烏地阿拉伯，伊斯蘭的瓦哈比派（Wahhabism）不僅透過官方組織宣傳，也會接受基金會或富裕家庭的贊助。具有強大象徵意義和動員潛力的宗教，經常而且很容易被用來滿足超越國家範疇的野心。

無論如何，儘管可以透過某些方式降低對安全的擔憂以及對權力的渴望，兩者依舊是國與國之間產生衝突的最主要與最根本因素。

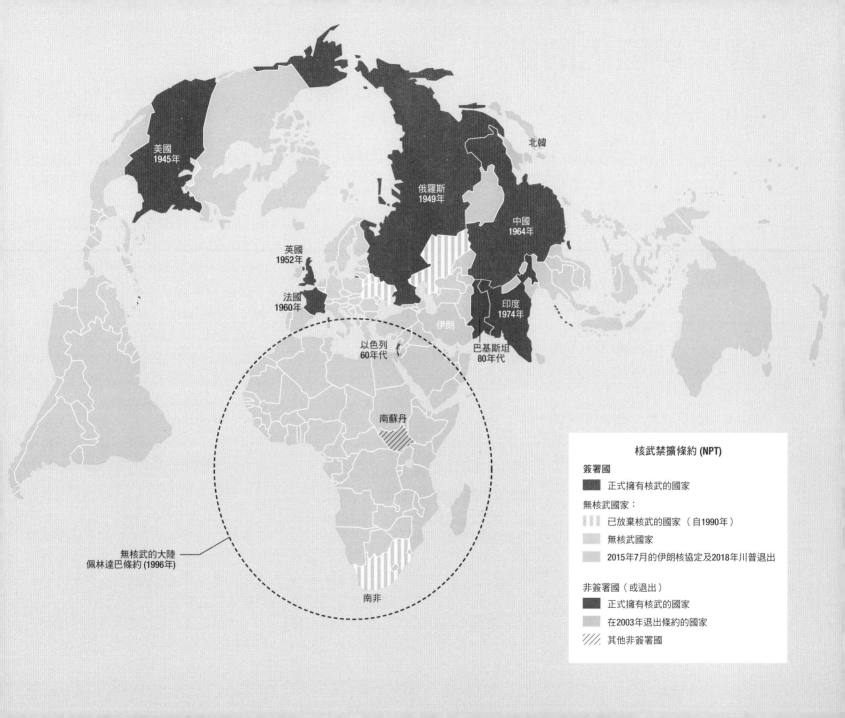

美國
1945年

北韓

俄羅斯
1949年

中國
1964年

英國
1952年

法國
1960年

印度
1974年

伊朗

巴基斯坦
80年代

以色列
60年代

南蘇丹

無核武的大陸
佩林達巴條約 (1996年)

南非

核武禁擴條約 (NPT)

簽署國

正式擁有核武的國家

無核武國家：

已放棄核武的國家（自1990年）

無核武國家

2015年7月的伊朗核協定及2018年川普退出

非簽署國（或退出）

正式擁有核武的國家

在2003年退出條約的國家

其他非簽署國

國際與國內的衝突

目前大多數的衝突都是發生在各國國內（「阿拉伯之春」在許多國家已演變為內戰），但國與國之間的衝突也不時可見。我們必須區分兩種情況：太過強大而令人感到壓迫及威脅的國家，還有過於贏弱以致於無法遏止國內貪婪或國外覬覦的國家。

在威權專制國家中，衝突通常來自少數族群，以及被剝奪權利、受到迫害和壓制、渴望報復的群體。他們認為自己遭受不公正的對待，故起而戰鬥，希望能重新拿回宗教、文化、政治、公民的權利，或甚至獨立自治。

分離主義者的要求愈來愈多，現在他們的動機既包括了經濟因素（不再與他人分享資源），同時要求尊重受虐身分。有時強調後者，是為了掩飾較難「推銷」給輿論的前者。當所涉國家拒絕任何政治協商和談判，企圖遏止所有文化或自治主張時（例如前南斯拉夫解體時的少數民族混戰，或是非洲內戰），就會產生衝突。在巴爾幹半島、高加索地區和非洲等地，也常有國家之外的、類似種族（尤其是非洲地區）或宗教性質的團體，對受害者表示聲援

（可參考許多美國遊說團體、國際僑胞組織及聖戰組織的角色）。這種情況很可能導致一個或多個他國強權介入衝突之中，其目的只是為了削弱鄰國勢力。

讓我們回想一下，1914年8月，同盟機制是如何令人難以置信地加速了世界大戰的盲目進行。雖然不應該拿來比較，但本書中羅列的衝突，有四分之三都帶有這樣的成分。分離主義者所提出的要求具有加乘作用，有時甚至產生連鎖反應。克拉伊納（Krajina）的塞爾維亞人可在南斯拉夫的共同架構下居住在克羅埃西亞，卻無法在克羅埃西亞的統治下生活。克羅埃西亞獨立後，輪到克羅埃西亞的塞爾維亞人搞分裂，卻徒勞無功。這種情況不斷反覆發生。

近幾十年來，西方國家（尤其是法國）想維持某個角色的欲望，以及持續不斷發生的悲劇與媒體報導，逐漸發展成某種權利的主張，甚至「干涉的義務」。而這甚至是在沒有安理會同意的情況下，由單一國家造成的。由於干涉始終由北至南，南方國家看見了新殖民主義者的別有用心。為了化解這個矛盾，在當時聯合國祕書長安南（Kofi

Annan）的倡議下，以「保護責任」為名義，將這個所謂的道德與慈善的概念做了法律上的調整與修改。此一舉動有悖常理，因為安理會的責任本來就是保護弱勢或受政府威脅的人民。迄今為止，除了對利比亞行使第1973號決議，並且因其政權更迭而告終（因此屬於傳統干涉模式），此外幾乎沒有使用過。

在西方國家將近30年的干涉主義導致一定程度的疲乏後，可以開始從這些行動歸結出一些結論。在安理會內決定或通過的干涉措施（例如1991年的科威特和2013年的馬利），或由聯合國決議但在任務過程中被修改的干涉措施（例如2011年的利比亞），不應與單方面的干涉行動（例如2003年美國出兵伊拉克戰爭）或調停案件（例如1999年的科索沃）混為一談。此外，也有必要對其結果進行客觀的分析。

不變的問題是：這項原則是如何落實的？由誰來落實？目的為何？在各種情況下，都會牽涉到關於合法性、時機與效率的三重問題。當安理會做出一致決議，也就是沒有動用否決權時，還是有時機與效率的問題。

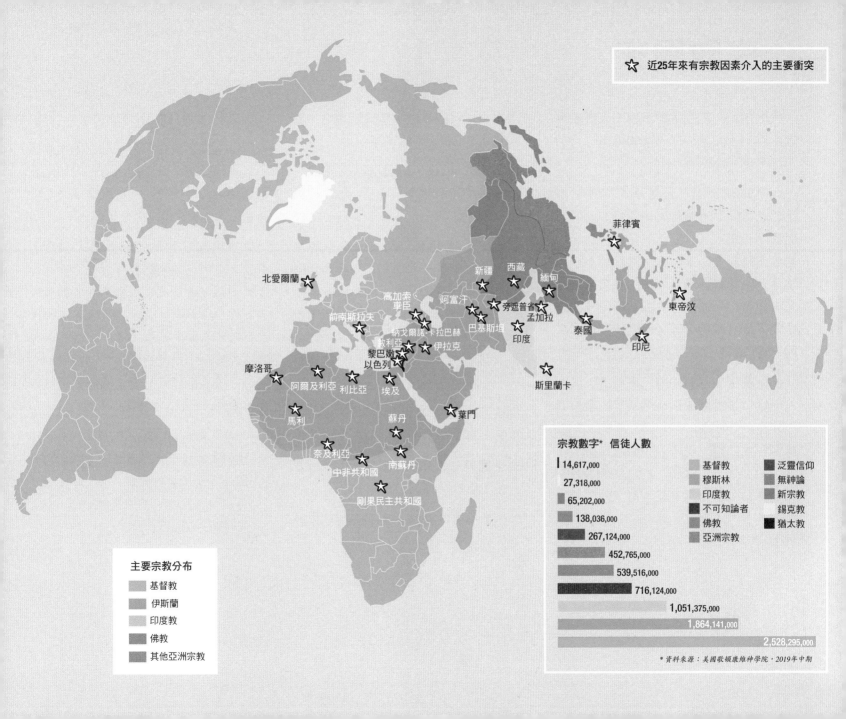

近25年來有宗教因素介入的主要衝突

菲律賓

北愛爾蘭

高加索車臣

新疆　西藏
緬甸

前南斯拉夫

阿富汗

旁遮普省
孟加拉

東帝汶

敘利亞
納戈爾諾-卡拉巴赫
黎巴嫩
以色列

伊拉克

巴基斯坦

印度

泰國

印尼

摩洛哥

阿爾及利亞

利比亞　埃及

葉門

斯里蘭卡

馬利

蘇丹

奈及利亞

中非共和國

南蘇丹

剛果民主共和國

主要宗教分布

基督教
伊斯蘭
印度教
佛教
其他亞洲宗教

宗教數字* 信徒人數

14,617,000	基督教	泛靈信仰
27,318,000	穆斯林	無神論
65,202,000	印度教	新宗教
138,036,000	不可知論者	錫克教
267,124,000	佛教	猶太教
452,765,000	亞洲宗教	
539,516,000		
716,124,000		
1,051,375,000		
1,864,141,000		
2,528,295,000		

* 資料來源：美國歌頓康維神學院，2019年中期

失敗國家

失敗國家，是指那些再也不能透過重組政府的手段來行使主權的國家。它們再也不能「合法壟斷武力」。

因為種種原因，這些國家的政府再也無法行使其主權職能，也無力控制其整體領土和人民。它們無法阻止衝突的發生，只能任由其演變至對它們不利的境地，因此很容易成為國內團體的犧牲品，或者被外國強權遙控。這些外國強權便可遂其政治目的，或者控制該國家的經濟資源。

例如剛果民主共和國（東部基伍地區〔Kivu〕遭鄰國盧安達與烏干達劫掠）和阿富汗等地區，因為國家無能，無法捍衛領土完整、護衛人民與邊界安全，無力抵抗外國的覬覦或安定國內的動盪，尤其當國家本身就是衝突的一部分時，更容易引起競爭與對立。所有的非洲衝突基本上都存在著這個問題──大湖地區更是典型範例。想要把持原物料的欲望往往就是衝突的根源。

這個欲望也是衝突的驅動力，因為它可以支付武器和士兵（血鑽石），使得衝突不斷延續下去。

國內武裝運動經常利用販毒來籌集資金，建立據點（例如利比亞與馬利的邊界，或是薩赫爾*）。在世界最大的鴉片生產國阿富汗，販毒同樣扮演了重要的角色。而在非洲，販賣人口（非法移民）這項「新經濟」比販毒更有利可圖。

導致衝突的因素看起來千差萬別，令人困惑，其實可以歸結為以下三點：

1. 恐懼與自我保護的需求，也就是在被攻擊前的本能反應；

2. 對於權力的渴望，而這些錯綜複雜的權力讓一切變得更複雜；

3. 追求快速又輕鬆致富的欲望；

所有衝突都不會只有一個原因。產生並且維持衝突，必定結合有利的環境和某個關鍵的導火線──可能是個人、領導者、恐懼、威脅或集體妄想。

如果說國家的權力過於強大會令人不安，那麼它的脆弱也讓人難以放心。冷戰時期，蘇聯的強大勢力令人擔憂，然而在1990年代，讓全世界不安的卻是莫斯科當局的軟弱（黑手黨崛起、分離主義戰爭，以及對核武管制衰微的恐懼）。至今世界上有十來個國家仍處於這種情況。

*譯註：薩赫爾（Sahel）位於撒哈拉沙漠的南方與赤道雨林非洲之間的狹長地帶，包括塞內加爾、茅利塔尼亞、馬利、上伏塔、尼日和查德等6國，面積約5百萬平方公里。

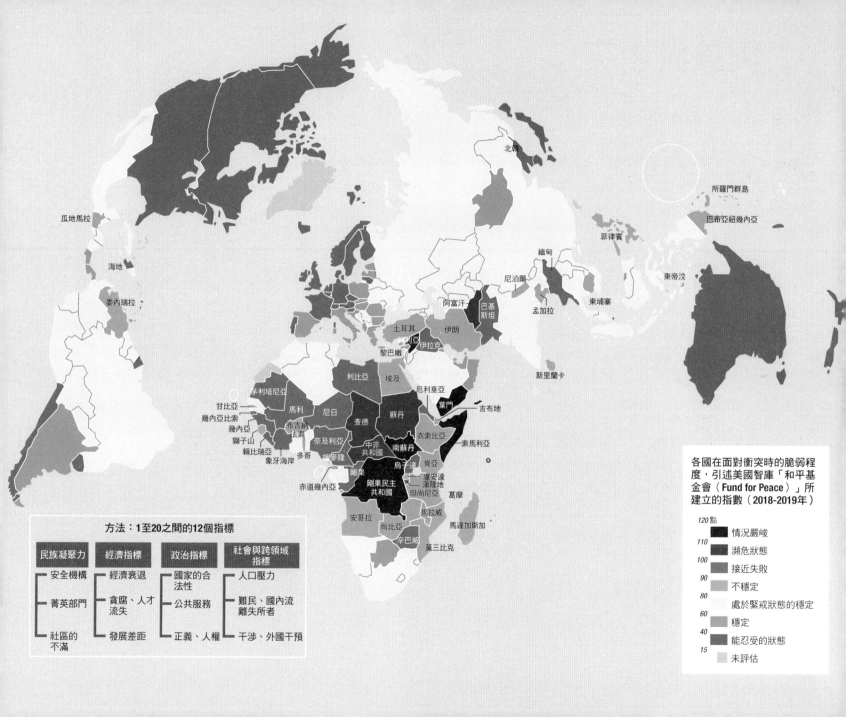

瓜地馬拉

海地

委內瑞拉

北韓

所羅門群島

巴布亞紐幾內亞

菲律賓

緬甸

尼泊爾

孟加拉

柬埔寨

東帝汶

阿富汗

巴基斯坦

敘利亞

土耳其

伊朗

伊拉克

黎巴嫩

斯里蘭卡

利比亞

埃及

厄利垂亞

葉門

吉布地

茅利塔尼亞

甘比亞

馬利

尼日

查德

蘇丹

衣索比亞

索馬利亞

幾內亞比索

布吉納法索

幾內亞

獅子山

奈及利亞

中非共和國

南蘇丹

肯亞

賴比瑞亞

象牙海岸

多哥

喀麥隆

烏干達

盧安達

蒲隆地

赤道幾內亞

剛果

剛果民主共和國

坦尚尼亞

葛摩

安哥拉

尚比亞

馬拉威

馬達加斯加

辛巴威

莫三比克

各國在面對衝突時的脆弱程度,引述美國智庫「和平基金會(Fund for Peace)」所建立的指數(2018-2019年)

120點

情況嚴峻

110

瀕危狀態

100

接近失敗

90

不穩定

80

處於緊戒狀態的穩定

60

穩定

40

能忍受的狀態

15

未評估

方法:1至20之間的12個指標

民族凝聚力	經濟指標	政治指標	社會與跨領域指標
安全機構	經濟衰退	國家的合法性	人口壓力
菁英部門	貪腐、人才流失	公共服務	難民、國內流離失所者
社區的不滿	發展差距	正義、人權	干涉、外國干預

輿論與衝突

陷入選舉賽局的領導人會發展出一套論證，為了證明自己或是鼓動他們的支持者，為了得到協助、贏得選舉，或是讓選舉失效。這樣的論證可能會引出許多無法控制的力量，而他們本身也將受制於這些力量。

時間會助長也會削減衝突。因此，以色列和巴勒斯坦（同一塊土地上的兩個民族）之間的衝突，是由於這兩個對立的民族缺乏妥協的基礎（在拉賓〔Yitzhak Rabin〕和阿拉法特〔Yasser Arafat〕之間或許還有可能），又未能及時解決領土問題，從而引發了宗教狂熱的局面，為世界很大一部分地區以及伊斯蘭與西方的關係帶來了災難性的影響。隨著時間推移，引發衝突的各種原因互相糾纏，愈演愈烈。激情、仇恨、恐懼、被民意調查放大的現代輿論遊戲、報復的欲望、媒體報導和選舉競爭，都讓這些原因變得更加紊亂。

民主不一定會帶來和平。當然，最常見的情況是，人民並不討厭戰爭（卻成為戰爭的頭號受害者）。然而以「穩定」為幌子的軍事修辭，可能比未經檢驗的外交妥協前景更受歡迎，因為人們無法在短期內看見後者的長期利益。狂熱的民族主義會導致對峙。打出這張牌的政府有時會陷入自己設下的陷阱，最後變得難以收拾。

假若不是其中一方垮台，或是大家都已經精疲力竭，想要擺脫這些僵化的衝突（例如蘇聯周圍、非洲、巴爾幹半島和中東等地的「凍結衝突（frozen conflict）」是非常困難的。自從非洲數個國家獨立後，讓非洲染上鮮血的長期內戰或區域戰爭幾乎都找到了出口。但只要衝突的真正原因沒有解決，那麼對於和平的呼籲或象徵性的善意倡議都沒有用。在中東，伊朗與沙烏地阿拉伯之間必須有一方願意妥協。然而這些年，兩國間的情況卻是往相反方向前進，導致局勢愈來愈緊張。

20世紀中葉以來，隨著國際刑事法院的成立，世界正逐步建立「國際正義」（在歐洲受到支持，在其他地區則相反）。然而國際法和聯合國等其他多邊機構的強大發展，仍不足以維持各地的和平，更不用說解決衝突與紛爭。從中東地區的情況就可以看出這一點，雖然長期看下來，衝突是有緩慢減少的趨勢。核武威懾雖然只保證了核武大國之間70年的和平，但這已經是非常難得且重要的成就。

為了找到擺脫衝突的辦法，當代領導人必須具備極大的勇氣（有時會和他們的意見背道而馳）、很多的政治智慧、高度的戰略意識及令人信服的教化手段，因為這不只意味著個人的接受妥協，也必須讓人民能夠接受。唯有如此，才能讓世界減少，甚至擺脫衝突。

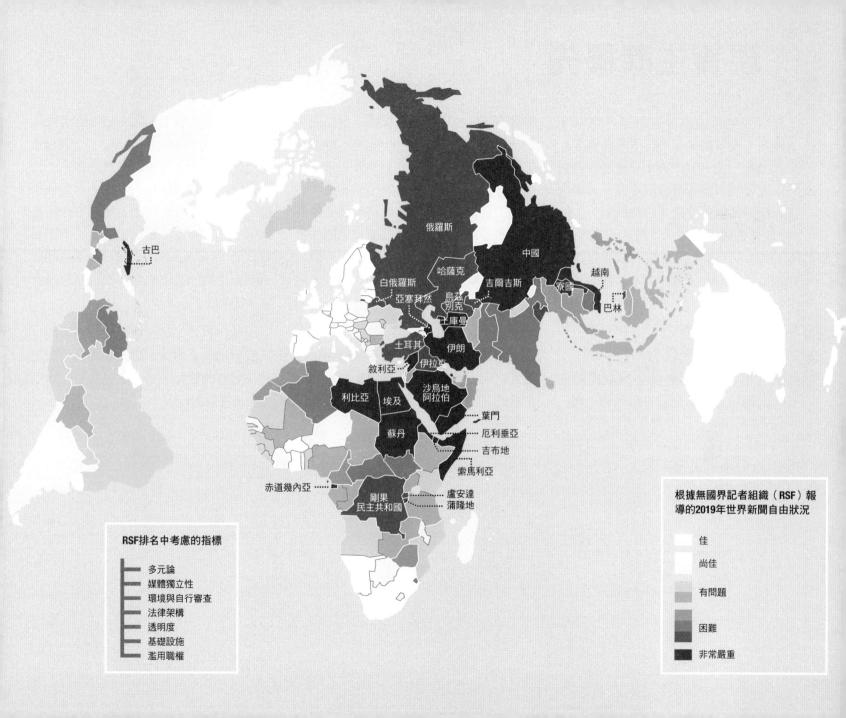

古巴

俄羅斯

中國

哈薩克

越南

白俄羅斯

吉爾吉斯

寮國

亞塞拜然

烏茲別克

巴林

土庫曼

土耳其

伊朗

敘利亞

伊拉克

利比亞

埃及

沙烏地
阿拉伯

葉門

蘇丹

厄利垂亞

吉布地

索馬利亞

赤道幾內亞

盧安達

剛果
民主共和國

蒲隆地

RSF排名中考慮的指標

多元論

媒體獨立性

環境與自行審查

法律架構

透明度

基礎設施

濫用職權

**根據無國界記者組織（RSF）報
導的2019年世界新聞自由狀況**

佳

尚佳

有問題

困難

非常嚴重

現實主義優先

　　儘管《聯合國憲章》的某些條款令人讚賞，儘管2000年的《千禧年宣言》充滿樂觀，還有2015年193個聯合國會員國宣布的17個永續發展目標、《聯合國氣候變化綱要公約（UNFCCC）》的195個締約國簽署的《巴黎協定（Paris Agreement）》，以及G8、G20等大國領袖、新興國家、國際人道組織的反覆呼籲，但唯有世上大部分的衝突都能平息，並且在未來幾十年內不再發生其他重大衝突，才是真正令人欣喜的成果。

　　某些潛藏暴力隱憂的多族裔團體仍有待瓦解，這麼做或許可以化解危機，但也有可能讓衝突死灰復燃。烏克蘭與俄羅斯之間的衝突並未解決，要讓中東的遜尼派和什葉派甘心冷靜下來共同生活，或是讓敘利亞與伊拉克在持久的願景中重建，可能還要等待很長一段時間。要到什麼時候，以巴衝突才能找出一個雙方可接受的結果？激進伊斯蘭何時才能得到控制？非洲的衝突因子何時得以根除？東北亞的緊張情勢何時才能緩解？

　　危機與衝突出於各式各樣的原因，應該嚴格而客觀地分析。無論是多麼崇高的情感，都不足以制定政策或實現國際法所提出的願景。現實主義（或者說是「務實政治（realpolitik）」，一個被否定已久，最近又被重新討論的概念）並不是要接受權力關係的殘酷，而是採取確切的措施，改善局勢。比務實政治更糟的，是建立在不現實主義之上的不務實政治（irrealpolitik），是不當戰略造成幻滅與災難的歷史根源，而人民就是首當其衝的受害者。

　　因此，我們必須持續分析這些原因，才能辨別潛在衝突。這是盡可能預防及解決衝突的最好方法，也是本書在接下來將要探討的內容。

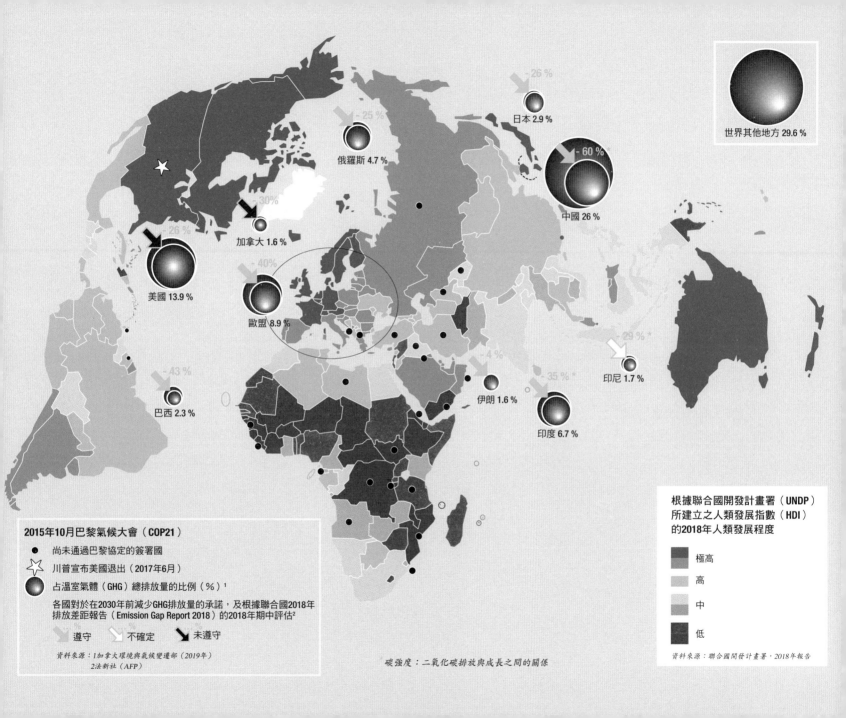

世界其他地方 29.6 %

- 26 %
日本 2.9 %

- 25 %
俄羅斯 4.7 %

- 60 %
中國 26 %

- 30 %
加拿大 1.6 %

- 26 %
美國 13.9 %

- 40 %
歐盟 8.9 %

- 4 %

- 29 % *
印尼 1.7 %

- 43 %
巴西 2.3 %

- 35 %
伊朗 1.6 %

印度 6.7 %

根據聯合國開發計畫署（UNDP）所建立之人類發展指數（HDI）的2018年人類發展程度

極高

高

中

低

資料來源：聯合國開發計畫署，2018年報告

2015年10月巴黎氣候大會（COP21）

● 尚未通過巴黎協定的簽署國

☆ 川普宣布美國退出（2017年6月）

⬤ 占溫室氣體（GHG）總排放量的比例（％）[1]

各國對於在2030年前減少GHG排放量的承諾，及根據聯合國2018年排放差距報告（Emission Gap Report 2018）的2018年期中評估[2]

遵守　　不確定　　未遵守

資料來源：1加拿大環境與氣候變遷部（2019年）
2法新社（AFP）

碳強度：二氧化碳排放與成長之間的關係

危機與衝突

法羅群島
（丹麥）

雷克雅維克
冰島

挪威
奧斯陸

芬蘭

赫爾辛基

斯德哥爾摩

瑞典

塔林
愛沙尼亞

里加
拉脫維亞

莫斯科

丹麥

哥本哈根

立陶宛
考那斯

明斯克

俄羅斯

白俄羅斯

俄羅斯

都柏林

愛爾蘭

荷蘭

柏林

波蘭
華沙

阿姆斯特丹

英國

倫敦

布魯塞爾
比利時

盧森堡
盧森堡

德國

布拉格
捷克

斯洛伐克
布拉提斯拉瓦

基輔

烏克蘭

巴黎

列支敦斯登
瓦都茲

維也納
奧地利

布達佩斯
匈牙利

摩爾多瓦
基希涅夫

柏恩
瑞士

斯洛維尼亞
盧比安納

札格雷布
克羅埃西亞

羅馬尼亞

布加勒斯特

法國

聖馬利諾

貝爾格勒
塞爾維亞

保加利亞
索菲亞

摩納哥

梵諦岡
羅馬

波士尼亞
塞拉耶佛

科索沃

喬治亞

安道爾

波多里察
蒙特內哥羅

史高比耶
北馬其頓

安卡拉

葡萄牙

馬德里

地拉那
阿爾巴尼亞

西班牙

義大利

希臘

土耳其

里斯本

雅典

尼科西亞

阿爾及爾

突尼斯
突尼西亞

法勒他

馬爾他

賽普勒斯

敘利亞

600 km

摩洛哥

阿爾及利亞

黎巴嫩

危機與衝突的歐洲

陷入危機的歐洲

在結束東西衝突及歐洲與德國的分裂之後，歐洲聯盟（簡稱「歐盟」，縮寫為「EU」）瀰漫著樂觀的氣氛——再也不會受到威脅的領土將因為統一而愈來愈大，諸國將建立共同的外交政策與貨幣體系，「讓全球化的進程更加文明」。然而，在經過30年後，歐盟不僅面臨多重危機，前景也顯得朦朧未明。

冷戰結束後，歐盟像個經濟巨人，又像政治侏儒一樣出現在世人面前。如今的問題不再是它究竟能否成為政治巨人，而是能否繼續維持聯盟與經濟繁榮。

2008年美國金融風暴的影響，加上歐洲北方國家（尤其是德國）的貿易順差和南方國家的債務困境造成的內部失衡，讓歐盟在2011年面臨了嚴重的危機，甚至令人們開始擔憂歐元是否會崩潰。希臘的公共赤字與債務遠遠大於其所宣布的數字，導致人們紛紛押注希臘會退出歐元區，甚至有可能擴及葡萄牙、西班牙、義大利和愛爾蘭。最後以嚴格的紓困計畫保住了歐元區的統一性，但也帶給了社會沉重的代價。

連續不斷的擴張計畫，讓歐盟從15個成員國迅速增加到28個。然而整合規範過於吹毛求疵，經濟也未因此而突飛猛進，加上自由民主的體制，讓各國人民與歐盟機構之間的鴻溝愈來愈深（1992年在法國舉行的《馬斯垂克條約（Maastricht Treaty）》公投，僅以1.2％的差距通過）。2019年，有51％的選民參與了歐洲議會選舉，投票率創新高。然而選舉結果顯示，對歐盟統合持懷疑態度的政黨取得了比預想更好的成績，歐洲人民對於歐盟的興趣和信心仍有待觀察。

2016年6月23日，英國高達51.89％的選民表態贊成退出歐盟。這是第一次有歐盟成員國做了這樣的決定。英國脫歐的支持者特別強調人民流動（無論是歐盟內部或外部）不受控制，以及執委會與歐洲法院權力過大的問題。事實上，英國人民贊成加入歐洲經濟共同體（European Economic Community, EEC），而不是「歐洲聯盟」。然而英國執行脫歐的困難度，反倒顯示出加入歐盟的好處。

許多西歐國家都曾經歷過的難民潮，包括西班牙內戰（1936-1939年）後的70萬西班牙移民；1945年，從中歐被驅逐出境的1,200萬德語系人口；1962年，從阿爾及利亞被遣返法國的100萬人；1970年代中期，12萬越南與柬埔寨船民；1968年，流離失所的17萬捷克斯洛伐克人；還有1992年的30萬阿爾巴尼亞人、1990年代的70萬南斯拉夫人等。然而這些還只是經濟成長與東西意識形態競爭的年代。2015年，有100萬的難民從海上抵達歐洲，主要來自敘利亞、阿富汗與伊拉克。在壓力之下，《申根公約（Schengen Agreement）》簽署國之間的人員自由流動開始一國接著一國暫停。由梅克爾治理的德國，經濟成長狀況良好，人口處於赤字狀態，它們出於人道理由開放難民進入國內，但其他國家的情況並不是如此。接下來的幾年，雖然難民人數減少（2016年37萬，2017年18萬，2018年14萬），但政治效應（尤其是激進極右派勢力的崛起，甚至義大利、奧地利、葡萄牙、匈牙利與捷克都由這些右派勢力取得政權）會更持久。

尚未經歷過難民潮的前東歐國家，希望在種族、文化與宗教上保持一致性。

對莫斯科的態度，以及之前對川普和美國的態度，讓東、西歐盟之間的分歧再次浮現。

歐盟人口占全世界7％，國內生產毛額（GDP）卻占全世界22％、社會支出占全世界50％。這樣的歐盟對某些個體來說仍然極具魅力，並且被非歐盟成員國家視為和平的黃金之國（El Dorado），但是歐盟成員國之間卻感受到一股疲乏。即使發展的速度放緩，歐洲一體化的進程也會逐漸穩定（不會一下變成聯邦，也不會走回頭路）。

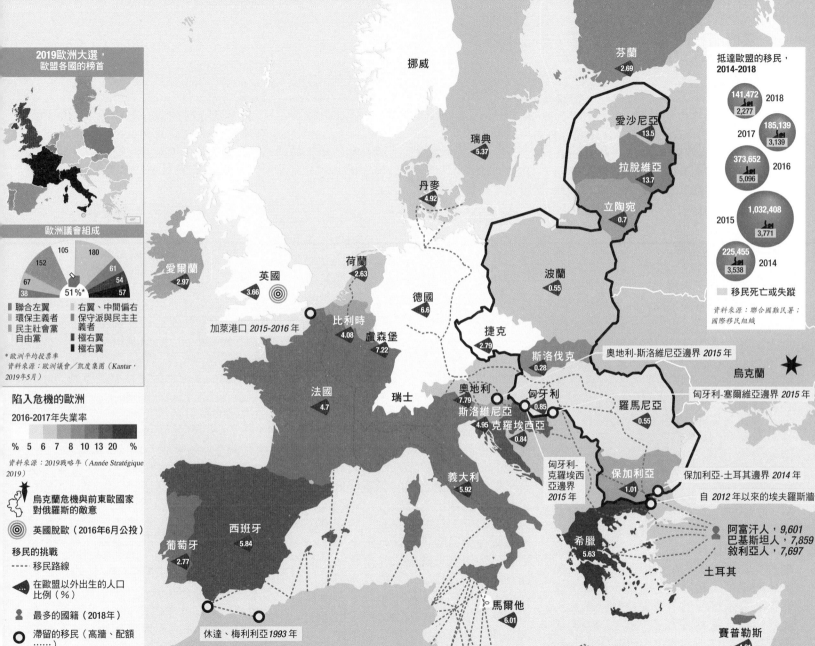

2019歐洲大選，歐盟各國的榜首

歐洲議會組成

105 180
152 61
67 54
38 57
51%*

- 聯合左翼
- 環保主義者
- 民主社會黨自由黨
- 右翼、中間偏右
- 保守派與民主主義者
- 極右翼
- 極右翼

*歐洲平均投票率
資料來源：歐洲議會／凱度集團（Kantar，2019年5月）

陷入危機的歐洲
2016-2017年失業率

% 5 6 7 8 10 13 20 %

資料來源：2019戰略年（Année Stratégique 2019）

烏克蘭危機與前東歐國家對俄羅斯的敵意

英國脫歐（2016年6月公投）

移民的挑戰
- - - 移民路線

在歐盟以外出生的人口比例（%）

最多的國籍（2018年）

滯留的移民（高牆、配額……）

資料來源：歐洲統計局；聯合國難民署（UNHCR）及國際移民組織（IOM）

挪威

芬蘭 2.69

瑞典 5.37

丹麥 4.92

愛沙尼亞 13.5

拉脫維亞 13.7

立陶宛 0.7

波蘭 0.55

愛爾蘭 2.97

英國 3.66

荷蘭 2.63

德國 6.6

捷克 2.79

斯洛伐克 0.28

烏克蘭

加萊港口 2015-2016年

比利時 4.08

盧森堡 7.22

奧地利-斯洛維尼亞邊界 2015年

匈牙利-塞爾維亞邊界 2015年

法國 4.7

瑞士

奧地利 7.79

匈牙利 0.85

羅馬尼亞 0.55

斯洛維尼亞 4.95
克羅埃西亞 0.84

匈牙利-克羅埃西亞邊界 2015年

保加利亞 1.01

保加利亞-土耳其邊界 2014年

自2012年以來的埃夫羅斯牆

義大利 5.92

西班牙 5.84

葡萄牙 2.77

希臘 5.63

馬爾他 6.01

土耳其

阿富汗人，9,601
巴基斯坦人，7,859
敘利亞人，7,697

休達、梅利利亞 1993年

摩洛哥人，12,751
幾內亞人，6,113

賽普勒斯 4.01

600 km

抵達歐盟的移民，2014-2018

141,472 2018
2,277

185,139 2017
3,139

373,652 2016
5,096

1,032,408 2015
3,771

225,455 2014
3,538

移民死亡或失蹤

資料來源：聯合國難民署；國際移民組織

科索沃

自1389年的科索沃戰役（Battle of Kosovo）敗於鄂圖曼帝國（Ottoman Empire）之後，塞爾維亞人就將科索沃視為自己國家的搖籃。從塞爾維亞的歷史來看，這種說法有點自相矛盾，因為該戰爭實際上標誌著塞爾維亞王國（Kingdom of Serbia）的終結，以及鄂圖曼帝國統治的開始。此外，自西元3世紀以來，非斯拉夫民族的阿爾巴尼亞人就定居在巴爾幹半島，而且人口在科索沃地區占了多數。

南斯拉夫聯邦總統狄托自1974年以來授予科索沃在塞爾維亞地區內的自治地位，在1990年時被米洛塞維奇終止。後者大力推行「大塞爾維亞民族主義」，從而加速了南斯拉夫的分裂。於是科索沃的阿爾巴尼亞人宣布獨立，強硬派還在1996年建立了科索沃解放軍（UCK），發起游擊戰。為了避免再次發生種族清洗，同時擔心重啟巴爾幹戰爭，G7的西方國家在進行18個月毫無結果的談判後，於1999年3月發動北約空軍，對塞爾維亞軍隊進行空襲。米洛塞維奇在78天後投降。國際部隊進駐科索沃，南斯拉夫在該省的主權，原則上採取安理會所接受的「實質自治」概念。此外，聯合國更成立了「聯合國科索沃臨時行政當局特派團（United Nations Interim Administration Mission in Kosovo, UNMIK）」，為授權派駐科索沃的臨時政府機構。

此一結果反過來造成塞爾維亞的少數民族受到迫害 （東正教教堂被燒毀），許多人紛紛逃離科索沃。

當前危機

塞爾維亞人占科索沃人口的6%（12萬人），阿爾巴尼亞人占93%。2006年，貝爾格勒（Belgrade，塞爾維亞首都）和普里斯提納（Pristina，科索沃首都）開始談判，但雙方的態度還是無法取得任何共識。科索沃人希望獨立，塞爾維亞人拒絕其獨立。2008年2月17日，科索沃在某些西方國家的鼓勵下片面宣布獨立，得到美國及大多數歐洲國家（包括法國，但不含西班牙）共104個國家的承認。塞爾維亞與俄羅斯則拒絕承認，因此科索沃無法成為聯合國及大多數國際組織的會員國。科索沃的塞爾維亞人與普里斯提納政府之間的氣氛依舊緊張，尤其北方大城密特羅維察（Mitrovica）長期處於分裂狀態。在歐盟的支持下，塞爾維亞與科索沃於2015年簽署了15項協議，促使雙方關係「正常化」。然而2018年，緊張情勢再次升高。科索沃將安全部隊升格為「國家軍隊」，讓貝爾格勒當局很擔心，也讓歐洲人很不安。2019年，兩方仍在進行「調整邊界」的討論。

科索沃充斥著貪汙與犯罪，國家形同癱瘓，政治與經濟前景不明（受失業影響的人口高達40%）。自2014年以來，有20萬人逃離科索沃，約占總人口的10%。

接下來可能的發展

1 一心想要加入歐盟的塞爾維亞（在2012年成為歐盟成員候選國），在2013年4月19日達成布魯塞爾協定後，成功說服俄羅斯取消對其加入聯合國的否決。科索沃也從中得利，獲得國際廣泛的認可，使其政治結構變得健康穩定，經濟得以發展。而後塞爾維亞終於能夠進入歐盟。

2 科索沃北部大城密特羅維察及周圍地區（住了12萬塞爾維亞人）和塞爾維亞南部的普雷塞沃（Presevo）周邊地區（住了5萬塞爾維亞人）交換領土，讓塞爾維亞承認科索沃，並且結束衝突。

3 現狀：儘管在2013年4月簽署了協定，且許多國家都承認科索沃，但它還是被排除在國際機構之外。黑手黨控制了國家大部分的經濟，使得經濟無法起飛。遭受暴行的塞爾維亞人更加聚集在北部或離開該區。因為經濟或政治因素，科索沃的人口仍舊不斷外流。

4 塞爾維亞與科索沃之間的綏靖政策，讓科索沃的塞爾維亞人（認為貝爾格勒當局過分妥協而無法信任）和普里斯提納政府之間的衝突持續存在。

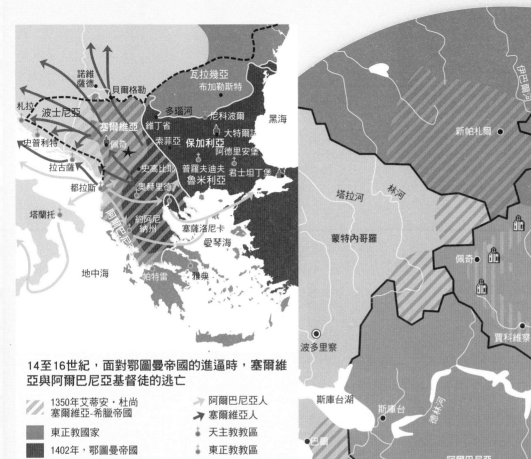

2008年2月科索沃單方面宣布獨立，得到104個國家承認

塞爾維亞

新帕札爾

密特羅維察

普里斯提納

弗拉涅

佩奇

科索沃

格尼拉內州

普雷塞沃

賈科維察

普里茲倫

庫馬諾沃

泰托沃

史高比耶

馬其頓

發達河

蒙特內哥羅

塔拉河

林河

伊巴爾河

斯庫台湖

波多里察

斯庫台

庫克斯

德林河

巴爾

阿爾巴尼亞

亞得里亞海

黑德林河

地拉那

都拉斯

14至16世紀，面對鄂圖曼帝國的進逼時，塞爾維亞與阿爾巴尼亞基督徒的逃亡

諾維薩德

貝爾格勒

札拉

波士尼亞

史普利特

拉古薩

都拉斯

塔蘭托

塞爾維亞

佩奇

瓦拉幾亞

布加勒斯特

多瑙河

維丁省

索菲亞

史高比耶

奧赫里德

尼科波爾

大特爾諾沃

保加利亞

阿德里安堡

普羅夫迪夫

魯米利亞

君士坦丁堡

黑海

約尼納州

塞薩洛尼卡

愛琴海

地中海

帕特雷

雅典

阿爾巴尼亞

1350年艾蒂安‧杜尚 塞爾維亞-希臘帝國	阿爾巴尼亞人
東正教國家	塞爾維亞人
1402年，鄂圖曼帝國	天主教教區
1600年，鄂圖曼帝國邊界	東正教教區
	東正教主教管轄區

科索沃在塞爾維亞人集體記憶裡的重要性

★ 被稱為「黑鳥戰場」的科索沃戰役（1389年6月15日），鄂圖曼帝國在面對塞爾維亞、波士尼亞與阿爾巴尼亞聯軍的英勇抵抗後，取得勝利。

國籍的地理分布

| 阿爾巴尼亞人 | 塞爾維亞人 | 波士尼亞人與戈蘭人 | 東正教修道院 |

25 km

科索沃1948至2015年人口發展情況

每百萬人

阿爾巴尼亞人

塞爾維亞人

1948　其他　1981 1991 2004 2015*

*2015年概算

巴爾幹半島

在1992至1995年間，克羅埃西亞與波士尼亞的「種族」團體引發的暴力戰爭（波士尼亞戰爭），及1999年影響甚鉅的科索沃戰爭，終於讓南斯拉夫解體。各民族共存於一個國家內依舊困難重重，人民和領導人猶豫不決，一方面被愈來愈強大的歐洲與西方國家整合所吸引，一方面仍殘留著民族主義與不信任感。

當前危機

自1995年《岱頓協定（Dayton Agreement）》簽訂之後，波士尼亞戰爭的主要戰場——波士尼亞與赫塞哥維納（Bosnia and Herzegovina）——就被克羅埃西亞裔的波士尼亞穆斯林與塞爾維亞人瓜分。後者以科索沃為前例，試圖主張自決權，要求獨立或併入塞爾維亞。

希望科索沃和北馬其頓共和國（有25％的人口為阿爾巴尼亞人）組成聯邦的「大阿爾巴尼亞（Greater Albania）」支持者，人數已經大不如前。阿爾巴尼亞疲軟的發展缺少吸引力，而其政府不希望破壞與西方國家及該地區其他國家之間的關係，卻又表現得像一個要求改變領土現狀的搗亂分子。

至於馬其頓，一方面必須費心阿爾巴尼亞少數民族融合的問題，一方面要處理和希臘之間的僵局。希臘指控馬國政府企圖把國家命名為「馬其頓（Macedonia）」，利用這種方式將一部分古希臘遺產占為己有，並藉此得到希臘北方省分。被迫改名為「前南斯拉夫馬其頓共和國（the Former Yugoslav Republic of Macedonia, FYROM）」之後，加入北約與歐盟的過程依舊屢遭希臘阻撓；直到2019年初，將國名改為「北馬其頓（North Macedonia）」，才讓希臘不再投下否決票。

2003年6月，歐盟在塞薩洛尼基（Thessaloniki）舉行的高峰會上宣布，將會通過西巴爾幹國家——克羅埃西亞、波士尼亞與赫塞哥維納、蒙特內哥羅、塞爾維亞、科索沃、馬其頓、阿爾巴尼亞——加入歐盟的申請，但沒有設定最後期限或時間表。時至今日，只有克羅埃西亞在2013年成為歐盟第28個成員國。波士尼亞與赫塞哥維納實際上仍是歐盟的保護國，然而分成三個政治實體的波士尼亞非常難以管理，失業率極高（2016年，國際勞工組織的報告為25.06％，國家數據為45.9％）。

塞爾維亞一直沒能阻止科索沃宣布獨立（1999年通過的聯合國安理會第1244號決議，同意科索沃具有「實質自治」權），也無法阻止西方多數（但不是全部）國家對它的承認。塞爾維亞只能接受海牙國際刑事法院（International Criminal Court）的裁決（後者對塞爾維亞的處分比克羅埃西亞更嚴厲），並且在2013年4月13日與科索沃簽署協議。塞國依舊希望有天能獲得歐盟成員國的資格。

中國對巴爾幹地區的介入愈來愈深，一如其對前南斯拉夫的態度，尤其是在「新絲綢之路（一帶一路）」計畫提出之後。若要討論俄羅斯與土耳其在該地區的影響力，那麼就不能不提到美國的強勢介入，後者甚至主導了斯洛維尼亞（2004年）、克羅埃西亞與阿爾巴尼亞（2009年）、蒙特內哥羅（2017年）加入北約，並於2019年批准了北馬其頓的北約會員國資格。

接下來可能的發展

1 加入歐盟的願景，讓各種國家與身分的追求獲得滿足。融入歐盟的可能性讓殘存的民族嫌隙變得不那麼激烈，也有利於全球化政策與經濟發展。而最後這些國家都加入歐盟。

2 經濟危機讓互相取暖的民族主義者要求變本加厲。「難民潮」導致各國邊境關閉，也讓唇槍舌戰更白熱化。馬其頓的阿爾巴尼亞人、波士尼亞的塞爾維亞人，以及科索沃的塞爾維亞人都要求民族自決，讓科索沃從中獲益。分離主義的誘惑依然強烈，從而帶來戰略的不確定性與經濟停滯。在地方性經濟危機的背景下，巴爾幹與歐洲「一體化」的進程踟躕不前。歐盟無法放寬批准新會員國的加入，只能先將其擱置一旁。

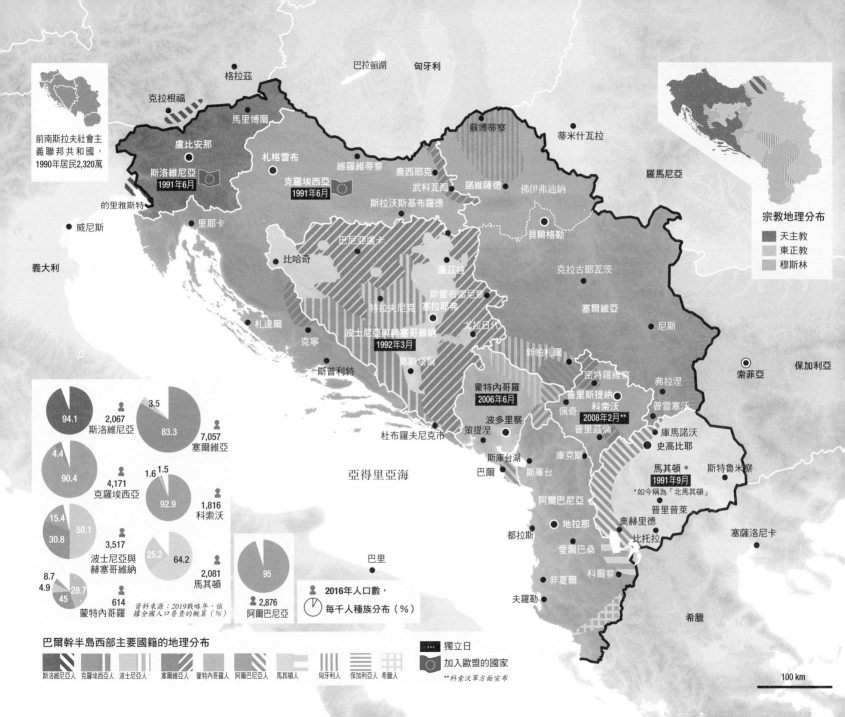

巴拉頓湖　匈牙利

格拉茲

克拉根福

馬里博爾

蘇博蒂察

蒂米什瓦拉

前南斯拉夫社會主義聯邦共和國，1990年居民2,320萬

盧比安那

札格雷布

維羅維蒂察

奧西耶克

諾維薩德

佛伊弗迪納

羅馬尼亞

斯洛維尼亞 1991年6月

克羅埃西亞 1991年6月

武科瓦爾

貝爾格勒

的里雅斯特

威尼斯

里耶卡

斯拉沃斯基布羅德

巴尼亞盧卡

圖茲拉

克拉古耶瓦茨

塞爾維亞

義大利

比哈奇

特拉夫尼克

塞拉耶弗

斯雷布雷尼察

尼斯

札達爾

波士尼亞與赫塞哥維納 1992年3月

戈拉日代

新帕札爾

克寧

莫斯塔爾

斯普利特

蒙特內哥羅 2006年6月

密特羅維察

弗拉涅

普里斯提納 科索沃

普雷塞沃

波多里察

佩奇 2008年2月**

杜布羅夫尼克市

策提涅

普里茲倫

庫馬諾沃

索菲亞

保加利亞

史高比耶

斯庫台湖

亞得里亞海

巴爾

斯庫台

庫克斯

馬其頓 * 1991年9月

斯特魯米察

*如今稱為「北馬其頓」

普里普萊

奧赫里德

比托拉

塞薩洛尼卡

阿爾巴尼亞

地拉那

都拉斯

愛爾巴桑

科爾察

夫羅勒

非夏爾

希臘

宗教地理分布

天主教

東正教

穆斯林

巴爾幹半島西部主要國籍的地理分布

斯洛維尼亞人　克羅埃西亞人　波士尼亞人　塞爾維亞人　蒙特內哥羅人　阿爾巴尼亞人　馬其頓人　匈牙利人　保加利亞人　希臘人

獨立日
加入歐盟的國家
**科索沃單方面宣布

94.1　2,067　斯洛維尼亞

3.5　83.3　7,057　塞爾維亞

4.4　90.4　4,171　克羅埃西亞

1.6　1.5　92.9　1,816　科索沃

15.4　50.1　30.8　3,517　波士尼亞與赫塞哥維納

25.2　64.2　2,081　馬其頓

8.7　4.9　45　28.7　614　蒙特內哥羅

95　2,876　阿爾巴尼亞

資料來源：2019戰略年，依據全國人口普查的概算（%）

2016年人口數，每千人種族分布（%）

巴里

100 km

亞美尼亞與亞塞拜然

納戈爾諾卡拉巴赫地區（Nagorno Karabakh，簡稱「納卡」）從前的主要居民為亞美尼亞人，但是在1921年，由於史達林（Joseph Stalin）意欲支持與亞塞拜然親近的土耳其，同時懲罰批評布爾什維克主義（Bolsheviks）的亞美尼亞，於是將納卡併入穆斯林人口眾多的亞塞拜然（亞美尼亞信奉基督教）。1923年，蘇聯在納卡建立了自治區。然而一直到1991年蘇聯解體之前，亞美尼亞的首都葉里溫（Yerevan）還是經常有示威遊行，主張納卡屬於亞美尼亞。此外，自1998年7月以來，納卡的亞美尼亞籍議員就曾多次聲明他們想要回歸亞美尼亞的意圖。

亞塞拜然與亞美尼亞宣布從蘇聯獨立（1991年8月和9月）之後，納卡再次要求獨立。1992年，亞塞拜然對納卡自治區發起軍事行動，而亞美尼亞的加入讓三者間爆發了大規模的戰爭與屠殺。最終，亞美尼亞武裝部隊在1994年取得了該地區的控制權。

當前危機

自1992年起，關於納卡衝突的談判持續透過歐洲安全與合作組織（Organization for Security and Cooperation in Europe, OSCE）的明斯克小組（Minsk group，由俄羅斯、美國、法國共同主持）居中協調，但始終徒勞無功。亞塞拜然希望恢復領土的完整，亞美尼亞則主張民族自決。即使雙方的原則皆於法有據卻無法相容。國際組織為領土完整原則辯護，但面對亞美尼亞的拒絕也無計可施。

儘管莫斯科反對，BTC輸油管計畫仍然繼續進行——這條經過巴庫（Baku）、提比里斯（Tbilisi）和傑伊漢（Ceyhan）三地的輸油管，可以讓亞塞拜然的石油繞過俄羅斯直通地中海。在雙亞紛爭中，俄羅斯支持亞美尼亞（伊朗也是），土耳其則支持亞塞拜然。2016年4月，紛爭再起，直到莫斯科提出停火要求。亞塞拜然於是從亞美尼亞軍隊手中奪回幾千公頃的土地，此事又讓兩方陣營的態度變得更加強硬。2018年，支持與亞塞拜然恢復對話的尼科爾·帕希尼揚（Nikol Pashinyan）就任亞美尼亞總理。兩國的外交部長在該年度進行了三次會面，有助於緩解此一地區的緊張情勢。

接下來可能的發展

1 現狀：亞塞拜然堅持恢復其領土完整，而亞美尼亞則主張民族自決。雙亞之間對於納卡的問題尚未能達成和解，沒有一個有力的第三方能提出一個全面的解決方案，而該地區的氣氛很有可能繼續惡化下去。

2 大幅提高軍事費用且擁有大量資源的亞塞拜然，為了奪回其聲稱的領土，冒著因重啟戰爭而遭受制裁卻不一定獲勝的風險發動軍事攻擊。然而這種情況不太可能發生。

3 妥協：亞美尼亞接受讓納卡的主權回歸亞塞拜然，但前提是納卡仍保有自治狀態，並且在納卡和亞美尼亞的領土之間建立一個通道。但是這個情況幾乎不可能發生。

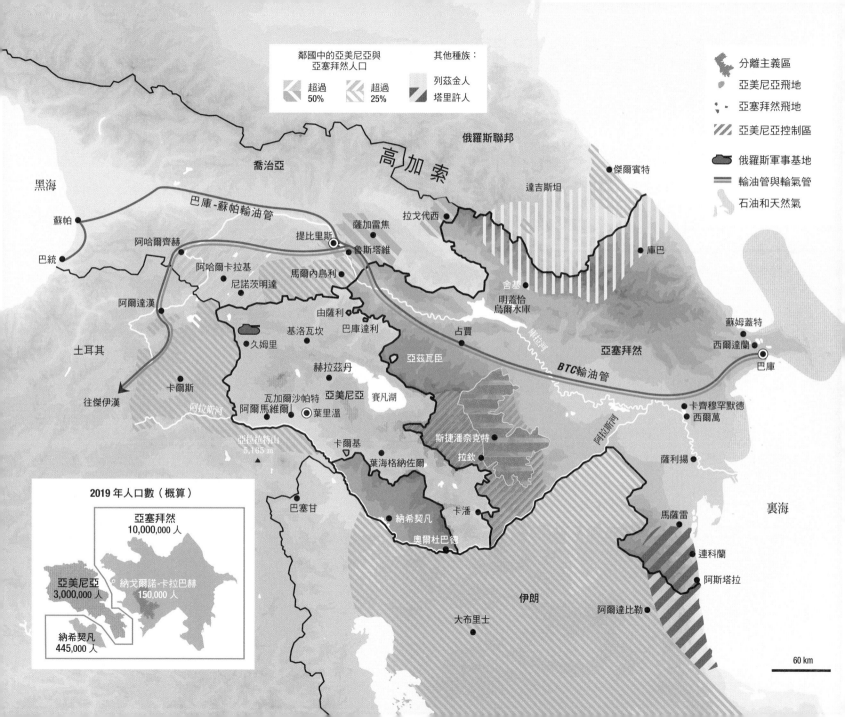

鄰國中的亞美尼亞與
亞塞拜然人口

超過
50%

超過
25%

其他種族：

列茲金人
塔里許人

分離主義區

亞美尼亞飛地

亞塞拜然飛地

亞美尼亞控制區

俄羅斯軍事基地

輸油管與輸氣管

石油和天然氣

俄羅斯聯邦

高加索

喬治亞

黑海

蘇帕

巴統

巴庫-蘇帕輸油管

薩加雷焦

拉戈代西

達吉斯坦

傑爾賓特

庫巴

阿哈爾齊赫

提比里斯

魯斯塔維

馬爾內烏利

舍基

明蓋恰
烏爾水庫

蘇姆蓋特

阿哈爾卡拉基

尼諾茨明達

由薩利

巴庫達利

占賈

庫拉河

亞塞拜然

西爾達蘭

土耳其

阿爾達漢

基洛瓦坎

久姆里

赫拉茲丹

亞茲瓦臣

巴庫

卡爾斯

瓦加爾沙帕特

阿爾馬維爾

葉里溫

賽凡湖

亞美尼亞

BTC輸油管

阿拉斯河

卡齊穆罕默德

西爾萬

往傑伊漢

阿拉斯河

亞拉拉特山
5,165 m

卡爾基

斯捷潘奈克特

拉欽

薩利揚

葉海格納佐爾

馬薩雷

巴塞甘

納希契凡

卡潘

裏海

奧爾杜巴德

連科蘭

2019 年人口數（概算）

亞塞拜然
10,000,000 人

亞美尼亞
3,000,000 人

納戈爾諾-卡拉巴赫
150,000 人

納希契凡
445,000 人

大布里士

伊朗

阿爾達比勒

阿斯塔拉

60 km

土耳其與亞美尼亞

1914年，亞美尼亞人散居在三個帝國之內，分別是波斯（後來的伊朗）、鄂圖曼帝國與俄羅斯。有些亞美尼亞人被納入鄂圖曼軍隊，另一些則以解放土耳其的亞美尼亞人為名義被納入俄羅斯軍隊。這些亞美尼亞人在凡省（Van）建立了一個國家。1915年，土耳其為了終結分離主義，指控亞美尼亞人與俄羅斯互通情報，並派遣軍隊將他們驅逐到敘利亞沙漠。在這次大規模的驅逐行動期間，數十萬亞美尼亞人死亡——據土耳其說法是30萬人，亞美尼亞的說法是150萬人。西方國家普遍認為這是20世紀的第一場由一國政府蓄意執行的種族滅絕，但土耳其始終否認。

幾年後，信仰基督教的亞美尼亞人成立的共和國，被納入蘇聯的15個聯盟國之一。位在蘇聯南方的土耳其於1952年加入北約。冷戰時期，在西方對蘇聯的防禦戰略中，土耳其剛好占據了重要的戰略位置。1991年，蘇聯解體，亞美尼亞宣布獨立。

當前危機

1993年，在納卡衝突中，土耳其為了支援亞塞拜然，關閉了和亞美尼亞的邊境。此外，保護亞美尼亞邊境的竟是俄羅斯士兵。

這場衝突給土耳其與亞美尼亞之間的新仇舊恨又添上一筆。歐洲議會與法國、德國、加拿大及西方許多國家的國會，都認為土耳其曾經對亞美尼亞進行種族滅絕。而這個問題的承認與否，永遠都會是土耳其加入歐盟的一個障礙。

2008年9月6日，土耳其與亞美尼亞兩國總統在葉里溫碰面，一起觀看2010年世界盃資格賽。兩個沒有外交關係的國家元首一起看球賽，可以算是一次歷史性的訪問與會面。事實上，兩國在2009年還簽署了一紙協議，開放兩國邊境，建立外交關係。但這項協議從未被通過，也未被執行。

土耳其迄今拒絕承認亞美尼亞的種族滅絕事件，儘管目前的政權可能不被視為是鄂圖曼帝國的繼承者。在土耳其民間社會開放討論該主題後，艾爾多安政權最近的獨裁緊張局勢也適用於這個問題。然而在西方國家的壓力之下，土耳其仍舊悍然拒絕承認這項指控。

接下來可能的發展

1 亞美尼亞與亞塞拜然之間無法解決的衝突，加上土耳其不願意承認種族屠殺，讓土耳其與亞美尼亞之間永遠無法達成真正的和解。艾爾多安政權的強硬態度也阻礙了兩國之間的交流開放。

2 亞美尼亞新任總理尼科爾·帕希尼揚與亞塞拜然和土耳其展開談判，但要是艾爾多安堅持立場，成功的可能性就非常低。

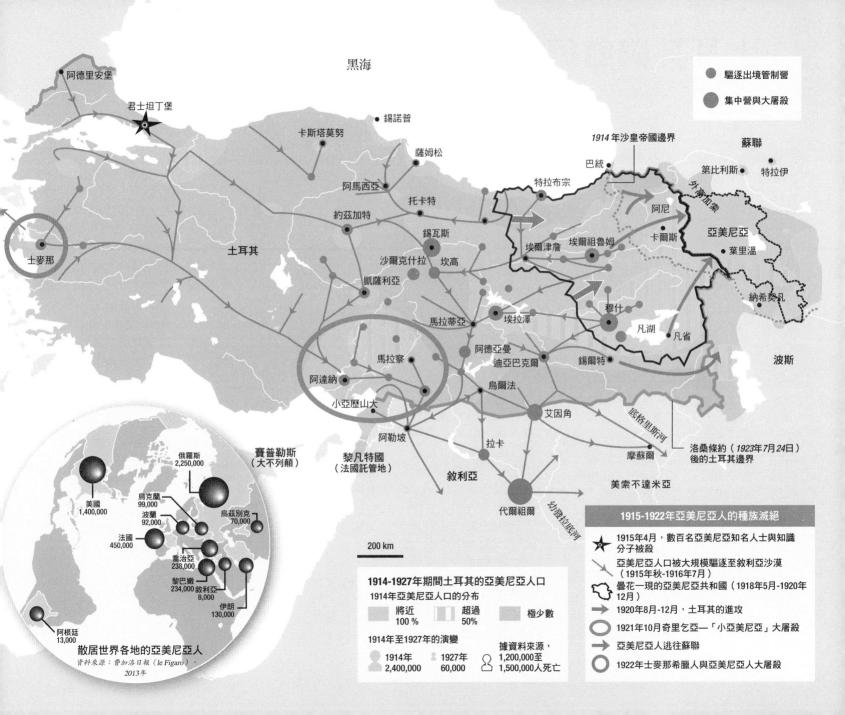

黑海

驅逐出境管制營
集中營與大屠殺

1914 年沙皇帝國邊界

蘇聯

阿德里安堡

君士坦丁堡

錫諾普

卡斯塔莫努

薩姆松

特拉布宗

巴統

第比利斯
特拉伊

阿馬西亞

阿尼

卡爾斯

亞美尼亞

托卡特

外高加索

約茲加特

錫瓦斯

埃爾津詹

埃爾祖魯姆

葉里溫

土耳其

沙爾克什拉

坎高

凱薩利亞

穆什

納希契凡

馬拉蒂亞

埃拉澤

凡湖
凡省

土麥那

波斯

阿德亞曼
迪亞巴克爾

馬拉察

錫爾特

阿達納

小亞歷山大

烏爾法

艾因角

底格里斯河

洛桑條約（*1923* 年 *7* 月 *24* 日）後的土耳其邊界

阿勒坡

拉卡

摩蘇爾

賽普勒斯
（大不列顛）

黎凡特國
（法國託管地）

敘利亞

美索不達米亞

代爾祖爾

幼發拉底河

1915-1922年亞美尼亞人的種族滅絕

★ 1915年4月，數百名亞美尼亞知名人士與知識分子被殺

亞美尼亞人口被大規模驅逐至敘利亞沙漠（1915年秋-1916年7月）

曇花一現的亞美尼亞共和國（1918年5月-1920年12月）

1920年8月-12月，土耳其的進攻

1921年10月奇里乞亞—「小亞美尼亞」大屠殺

亞美尼亞人逃往蘇聯

1922年士麥那希臘人與亞美尼亞人大屠殺

散居世界各地的亞美尼亞人

俄羅斯
2,250,000

美國
1,400,000

烏克蘭
99,000

波蘭
92,000

烏茲別克
70,000

法國
450,000

喬治亞
238,000

黎巴嫩
234,000
敘利亞
8,000

伊朗
130,000

阿根廷
13,000

資料來源：費加洛日報（*le Figaro*），
2013 年

200 km

1914-1927年期間土耳其的亞美尼亞人口

1914年亞美尼亞人口的分布

將近
100 %

超過
50%

極少數

1914年至1927年的演變

1914年
2,400,000

1927年
60,000

據資料來源，
1,200,000至
1,500,000人死亡

土耳其與庫德斯坦

庫德族（Kurds）人數大約在3,000萬到4,000萬之間。他們有特定的語言，既不講阿拉伯語，也不講土耳其語。現今庫德族大都是遜尼派穆斯林，其先祖自公元前9世紀起就定居在山區和高原區，擁有強烈的民族認同意識。他們散居於土耳其（1,800萬人）、伊朗（600萬至900萬人）、伊拉克（600萬人）和敘利亞（250萬人）。1920年，在協約國強迫鄂圖曼帝國簽訂的《塞夫爾條約（Treaty of Sèvres）》中，包括了要讓庫德斯坦獨立。該條約遭到擊退盟軍的穆斯塔法·凱末爾（Mustafa Kemal）悍然拒絕。於是在1923年，協約國重新與土耳其簽訂了《洛桑條約（Treaty of Lausanne）》，確立了現代土耳其的疆界。在凱末爾激進的土耳其現代化與世俗化計畫中，試圖透過嚴格的同化政策解決庫德族的問題——庫德族被定義為「山地土耳其人」，他們的身分被否認，語言被禁止，文化權也被否決。

1978年成立的庫德斯坦工人黨（PKK），於1984年發起對土耳其國家的武裝鬥爭。這場「戰爭」造成45,000人死亡，領導人奧賈蘭（Abdullah Öcalan）於1999年被逮捕。PKK被歐洲國家列入恐怖主義組織名單，但這些國家又要求土耳其承認國內庫德族的文化權。

當前危機

自1990至1991年的波斯灣戰爭以來，伊拉克的庫德族就享有相對的自治，自2003年開始甚至享有更多的自治。這些都讓土耳其人頗為不安，擔心引發傳染效應。後來，土耳其拒絕給予美軍過路權，經過其領土前往伊拉克作戰。自那時起，安卡拉與艾比爾（Erbil，伊拉克庫德斯坦自治區的首府）之間的關係變得大大暢通（加深）起來。

土耳其的庫德族民族主義分子要求的是自治，不是國家分裂。2013年，土耳其當局與奧賈蘭進行了所謂的伊姆拉勒島（Imrali）和平進程談判，以承認庫德族的文化權為條件，交換武裝抗爭的結束。談判看似成功了，然而2015年，PKK又發起攻擊，土耳其派軍隊鎮壓，兩方衝突再起。在西方的支持下，敘利亞的庫德族人在對抗伊斯蘭國（IS）的過程中扮演了決定性的角色。他們在敘利亞北部成立了自治區，令土耳其感到擔憂。艾爾多安將他們視為PKK的盟友，為了鞏固邊界，多次派武裝部隊入侵，防止庫德族控制與土耳其接壤的地區。最終，伊斯蘭國就像一個過去從未存在的安全威脅，彷彿庫德族人毫無功勞。

接下來可能的發展

1 建立「大庫德斯坦」，將伊朗、伊拉克、敘利亞與土耳其的庫德族統一起來。只是土耳其與伊朗的庫德族人不見得會希望這麼做，而且此舉只會造成伊朗、伊拉克、敘利亞（但敘利亞內戰使權力平衡發生變化）與土耳其等國更激烈的政治與軍事對峙。伊拉克的庫德族尤其反對，因為他們和土耳其維持著穩定的關係，已經享有很大程度上的自治權，而且也不急著分享他們的石油財富。

2 重啟伊姆拉勒島和平進程，讓土耳其政府承認庫德族的文化權，才能真正結束PKK的武裝抗爭。然而2015年夏天發生的衝突，讓這個狀況基本上已經不可能實現了。

3 安卡拉與PKK之間持續進行低強度的戰爭。伊拉克的庫德族人享有自治權，土耳其政府阻止敘利亞的庫德族定居在土耳其邊界附近，他們只能與敘利亞政府找出一個雙方都可接受的權宜之計。但是這樣下去，終究還是會爆發衝突。

地區內的庫德族人口數，每百萬

20 M / 25 % 土耳其
12 / 17.5 % 伊朗
8.5 / 24.8 % 伊拉克
3.6 / 15 % 敘利亞

資料來源：巴黎庫德族研究所，2016年，目前估計

庫德族的地理分布

伊姆拉勒島和平進程：「自2015年開始擱置」

2013年5月，PKK軍隊撤離土耳其（約2千名士兵）

敘利亞內戰，庫德族地區不穩定

黑海
裏海
地中海

伊斯坦堡
伊姆拉勒島
安卡拉
圖茲湖
約茲加特
托卡特
埃爾津詹
卡爾斯
亞美尼亞
葉里溫
亞塞拜然
巴庫
阿達納
埃拉澤
馬拉蒂亞
埃爾祖魯姆
土耳其
伊斯肯德倫
烏爾法
阿勒坡
迪亞巴克爾
凡湖
凡省
卡米什利
達霍克
烏爾米耶
大布里士
阿爾達比勒
土庫曼
摩蘇爾
敘利亞
大馬士革
艾比爾
伊拉克
基爾庫克
薩南達季
霍伊
贊詹
加茲溫
德黑蘭
薩里市
哥干
阿什哈巴特
伊蘭姆
巴格達
哈馬丹
克爾曼沙赫
卡尚
伊朗
博季努爾德市
庫特
洛雷斯坦
梅赫德

200 km

地區局勢

庫德族控制的地區

伊拉克庫德族自治區

2018年立法選舉，HDP（人民民主黨，庫德黨）領先地區

土耳其
通傑利
蘇爾
迪亞巴克爾
吉茲爾
伊迪爾
斯洛比
達霍克
伊朗
基利斯
蘇魯奇
阿夫林
哈塞克
卡米什利
阿勒坡
泰勒艾卜耶德
拉卡
摩蘇爾
艾比爾
易德利卜
拉塔基亞
霍姆斯
敘利亞
代爾祖爾
伊拉克
基爾庫克

2015-2019年大事件

★ 2015年7月，自殺攻擊，32人死亡，100人受傷

◎ 襲擊土耳其警察

★ 和襲擊有關的土耳其爆炸案

◎ 迪亞巴克爾地區：自2015年開始，安卡拉與庫德族發生衝突的主要衝突地點

↘ 2015年12月-2016年3月：針對PKK的軍事行動：動員土耳其1萬名兵力

☐ 2017年9月伊拉克庫德族獨立公投，92.7%「贊成」，巴格達不承認

⇩ 土耳其「橄欖枝（Operation Olive Branch）」軍事行動：2018年1月-3月，在阿夫林（Afrin）地區（敘利亞）對人民保護部隊（YPG）的庫德人發起的軍事行動

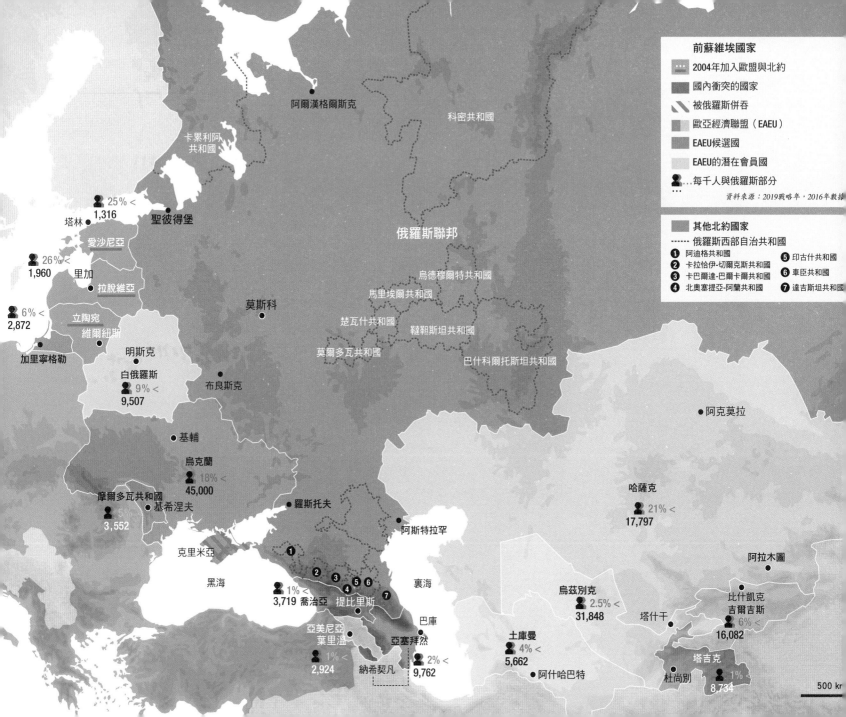

資料來源：2019戰略年，2016年數據

前蘇維埃國家

- 2004年加入歐盟與北約
- 國內衝突的國家
- 被俄羅斯併吞
- 歐亞經濟聯盟（EAEU）
- EAEU候選國
- EAEU的潛在會員國
- 每千人與俄羅斯部分

其他北約國家
- 俄羅斯西部自治共和國
1 阿迪格共和國　　5 印古什共和國
2 卡拉恰伊-切爾克斯共和國　6 車臣共和國
3 卡巴爾達-巴爾卡爾共和國　7 達吉斯坦共和國
4 北奧塞提亞-阿蘭共和國

俄羅斯聯邦

阿爾漢格爾斯克

科密共和國

卡累利阿共和國

聖彼得堡

塔林　25 % <
愛沙尼亞　1,316

里加　26 % <
拉脫維亞　1,960

立陶宛　6 % <
維爾紐斯　2,872

加里寧格勒

莫斯科

烏德穆爾特共和國

馬里埃爾共和國

楚瓦什共和國

韃靼斯坦共和國

莫爾多瓦共和國

巴什科爾托斯坦共和國

明斯克

布良斯克

白俄羅斯　9 % <
9,507

阿克莫拉

基輔

烏克蘭　18 % <
45,000

羅斯托夫

哈薩克　21 % <
17,797

阿斯特拉罕

摩爾多瓦共和國　5% <
基希涅夫　3,552

克里米亞

黑海

阿拉木圖

1

2

3 5 6

4

7

1 % <
3,719 喬治亞

提比里斯

裏海

烏茲別克　2.5 % <
31,848

塔什干

比什凱克
吉爾吉斯　6 % <
16,082

亞美尼亞
葉里溫

亞塞拜然

巴庫

土庫曼　4 % <
5,662

納希契凡

1 % <
2,924

2 % <
9,762

阿什哈巴特

杜尚別

塔吉克　1% <
8,734

500 kr

危機與衝突的俄羅斯

俄羅斯的回歸

蘇聯解體後，許多西方人都以為俄羅斯擺脫了共產主義、擺脫了中亞國家的重擔、擺脫了扼殺所有進步的計畫經濟和官僚體制之後，只能往民主與現代化的方向前進，成為西方國家的隨和夥伴。

但事實上，財產私有化造成寡頭崛起，便宜了那些放膽胡作非為的人，草率與放任終究讓早已毫無生氣的國家經濟瓦解。在1991至2000年間，俄羅斯的國內生產毛額（GDP）幾乎少了一半！外交上，俄羅斯對世界事務不再具有影響力，西方國家也因此受益。撤出歐洲的俄羅斯無奈地看著北約擴大，看著科索沃與塞爾維亞的戰爭，看著反導彈防禦系統的建立，它的顏面掃地，且不再像從前具有威嚇力。普丁在2000年取得政權時極力想洗刷這些屈辱。他認為蘇聯解體是「20世紀地緣政治的最大災難」，將會讓美國在霸權欲望的驅使下為所欲為。然而普丁夠務實，知道自己無法再建立一個蘇聯。他甚至說：「不替蘇聯感到惋惜的人沒有心，希望蘇聯再生的人則是沒有腦。」

911事件後，普丁轉而採取和美國合作的策略。2003年的美伊戰爭以及新興國家的成長，促使能源和原物料價格推高，為俄國經濟帶來新的活力，遠超過1991年的水平。中產階級（約占人口的30％）不斷增長，普丁償還了國債，從寡頭和地方勢力手中取回了權力和尊嚴。美國在阿富汗與伊拉克的失敗，增加了普丁政治操作的空間。在梅德韋傑夫（Dmitry Medvedev）短暫代理總統職務之後，保留權力握柄的普丁在2012年再次出任總統，任期延長至6年。他認為梅德韋傑夫過於隨和，決定在對外政策上展現更強硬的態度。他透過反美，透過2008年對喬治亞出兵、2014年2月舉辦索契（Sochi）冬季奧運、2018年的世界盃足球賽，以及反對北約進一步擴大（尤其反對烏克蘭加入）等事件，來滿足俄羅斯的民族自豪。他在近東地區重新站穩腳跟，並積極發展與中國及金磚5國（BRICS，指巴西、俄羅斯、印度、中國與南非）的關係。

正當烏克蘭向歐盟與北約靠攏之際，普丁於烏克蘭「橘色革命（Orange Revolution）」後強行併吞了克里米亞。克里米亞自18世紀以來就住著不少俄羅斯人，塞凡堡海軍基地則是俄羅斯海軍得以通往溫暖海域的重要據點。此外，普丁在克里米亞和俄羅斯之間建了一座大橋，讓亞速海（Sea of Azov）成為俄羅斯的內海。此次干涉行動讓普丁的國內支持率升高至88％，並於2018年再次以76％的選票高票當選。然而他在俄羅斯的受歡迎程度，正好與他在西方世界的不受歡迎度成正比。他因烏克蘭問題受到西方制裁，加上能源與原物料價格下跌，導致經濟衰退。而提高俄羅斯的退休年限（女性從55歲提高至63歲，男性從60歲提高至65歲），也讓他掉了一部分支持率。

普丁儼然以政治談判者的角色介入敘利亞，挽救了巴沙爾·阿薩德政權。他與以色列和哈馬斯（Hamas，被美國、歐盟等認定為恐怖組織）、沙烏地阿拉伯和伊朗，及該地區的所有國家都維持良好關係。同時，俄羅斯也打算在非洲捲土重來。

由於俄羅斯不再居於世界聯盟的領導地位，也沒有所謂的「從冷戰回歸」。俄羅斯再次強大，或受人尊敬，或讓人害怕，卻沒有真正的盟友。中國是俄羅斯的合作夥伴，但國力已然在其之上，而且與華盛頓之間的複雜關係才是北京政府最關心的事。俄羅斯與中國依舊在2018年舉行聯合軍事演習。此外，川普在競選期間宣布想與俄羅斯有更進一步的發展，但結果不比歐巴馬（Barack Obama）成功，美國的國安機構對一向被視為頭號威脅的莫斯科仍舊存有敵意。

800
愛沙尼亞

1,200
拉脫維亞

立陶宛
1,200

2.9%
白俄羅斯

4.3%

4.3%

9.6%

4.3%

2.9%

2.8%

荷蘭

德國

4,000
波蘭

美國

烏克蘭

摩爾多瓦共和國

羅馬尼亞

克里米亞

保加利亞

3.6%

土耳其

敘利亞

南奧塞提亞共和國

阿布哈茲

亞美尼亞

烏茲別克

吉爾吉斯

塔吉克

土庫曼

伊朗

印度

3.3%

哈薩克

俄羅斯

10.4%

中國

3.4%

南韓

2.9%

日本

俄羅斯

巴西

南非

俄羅斯的主要客戶與出口%

歐亞經濟聯盟（EAEU）

EAEU候選國

西方國家的金融制裁

2014年克里米亞遭併吞

頓巴斯內的烏克蘭危機

俄羅斯介入敘利亞

俄羅斯軍事基地

支持說俄語區

加入北約及現有士兵人數

伊朗核武危機中的調節者

金磚5國（BRICS）

歐盟—俄羅斯能源相互依存

俄羅斯與烏克蘭

背景

西元860年到12世紀，位於現今烏克蘭的基輔羅斯公國（Rus）被認為是東斯拉夫民族文化母國，也是後來莫斯科大公國（Grand Duchy of Moscow）的前身，即現在的俄羅斯。根據國際關係學者布里辛斯基（Zbigniew Brzezinski）的說法：「沒有烏克蘭，俄羅斯就不再是歐洲的帝國。」在17到18世紀間融入俄羅斯帝國（Russian Empire）的烏克蘭，直到1918至1920年才獨立，之後又被迫歸併於俄羅斯。烏克蘭的民族主義一直被壓制，直到烏克蘭幫助俄羅斯總統葉爾欽（Boris Yeltsin）終結了蘇聯，才取得自己的獨立。

烏克蘭是一個地區差異非常明顯的國家：使用俄語，更廣泛地說，以俄羅斯為本位的文化認同，在東部與南部地區依然盛行。例如烏克蘭南部的克里米亞，居民大多是俄羅斯人，甚至還有許多俄羅斯艦隊駐紮在塞凡堡海軍基地，是俄國通往溫暖海域的唯一路徑。1954年，蘇聯領導人赫魯雪夫（Nikita Khrushchev）將克里米亞併入烏克蘭蘇維埃共和國。

當前危機

兩國的情勢從2005年起開始惡化，當時俄國總統普丁仗恃著國際能源價格上漲的優勢，亟欲恢復俄羅斯的強權，烏克蘭「橘色革命」卻將親西方的尤申科（Viktor Yushchenko）推上基輔政治舞台，就任總統。

烏克蘭想和歐盟保持緊密關係，並且在小布希政府的支持下加入北約，此舉被俄羅斯視為一種包圍行動。

親俄的亞努科維奇（Viktor Yanukovych）贏得2010年的總統選舉與2012年10月的立法選舉，終結了橘色革命。他的政治對手被送進監獄，審判過程倍受爭議。他與梅德韋傑夫簽訂哈爾科夫協議（Kharkiv Pact），一方面將塞凡堡海軍基地的租約延長25年，一方面將俄羅斯輸往烏克蘭的天然氣價格降低30%。

2013年11月，亞努科維奇暫停和歐盟結盟的談判，此舉讓人民走上基輔獨立廣場，引發鋪天蓋地的親西方示威遊行。2014年2月22日，亞努科維奇逃往俄羅斯。同年5月，由波洛申科（Petro Poroshenko）贏得總統選舉。

儘管西方國家拒絕承認克里米亞公投的結果，克里米亞自治政府仍在2014年3月宣布併入俄羅斯聯邦。同時，烏克蘭東南部的親俄分離主義者與政府軍在頓巴斯（Donbass）爆發了內戰。西方國家決定對俄羅斯進行經濟制裁。2015年2月，在德國與荷蘭的支持下，波洛申科在明斯克（Minsk）簽署了停火協定，但該協定完全沒有受到尊重。2017年11月，頓內次克（Donetsk）與盧干斯克（Luhansk）在俄羅斯的扶持下，自行宣布成立共和國並舉辦選舉。基輔政府對其決定不再提供任何國家資金，並且進行封鎖。此外，俄羅斯在克里米亞與其領土之間架了一座橋，讓亞速海成為俄羅斯的內海。2018年11月，俄羅斯與烏克蘭的海軍短暫交火。歐盟與烏克蘭之間簽署了一項結盟協議，但貪腐讓烏克蘭深陷危機，即使西方國家站在它這邊，卻拒絕提供攻擊性武器。

俄羅斯贏得了克里米亞半島，卻燃起了烏克蘭人民的反俄情結。2018年10月，烏克蘭東正教教會宣布獨立，與俄羅斯東正教分道揚鑣。

接下來可能的發展

1 2019年5月當選的烏克蘭總統澤倫斯基（Volodymyr Zelensky）改變遊戲規則，遵守明斯克協議，修改憲法，給予東部領土更多自治權。西方國家取消對俄羅斯的制裁。莫斯科和基輔的關係正常化。

2 由於烏克蘭拒絕給予東部領土自治權，明斯克協議始終沒能執行，因而不斷爆發零星衝突。對貪腐感到厭倦的西方國家決定減少對基輔的支持，但仍持續對俄羅斯的制裁。

3 烏克蘭（原本應該得到西方軍事支持）和俄羅斯（希望西方不要有所反應而取得軍事勝利）之間的公開衝突仍舊持續，戰爭損失難以估計。

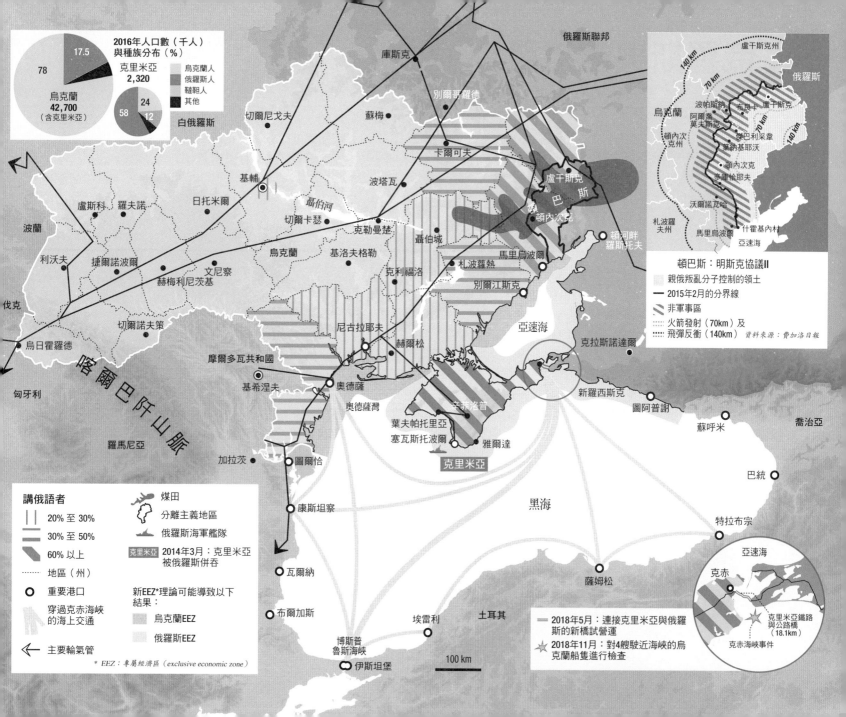

2016年人口數（千人）
與種族分布（%）

克里米亞
2,320

烏克蘭
42,700
（含克里米亞）

78
17.5

24
58　12

烏克蘭人
俄羅斯人
韃靼人
其他

俄羅斯聯邦

白俄羅斯

庫斯克
別爾哥羅德
蘇梅
切爾尼戈夫
卡爾可夫
基輔
波塔瓦
盧斯科
羅夫諾
日托米爾
聶伯河
切爾卡瑟
克勒曼楚
聶伯城
利沃夫
捷爾諾波基
文尼察
赫梅利尼茨基
基洛夫格勒
克利福洛
札波蘿熱
馬里烏波爾
頓河畔羅斯托夫
盧干斯克
頓內次克
頓巴斯
別爾江斯克
波蘭
克里福洛
伐克
切爾諾夫策
烏日霍羅德
尼古拉耶夫
赫爾松
亞速海
克拉斯諾達爾
匈牙利
摩爾多瓦共和國
基希涅夫
奧德薩
羅馬尼亞
奧德薩灣
新羅西斯克
圖阿普謝
葉夫帕托里亞
辛菲洛普
塞瓦斯托波爾
雅爾達
蘇呼米
喬治亞
加拉茨
圖爾恰
克里米亞
巴統
康斯坦察
黑海
特拉布宗
喀爾巴阡山脈
瓦爾納
薩姆松
布爾加斯
埃雷利
土耳其
博斯普
魯斯海峽
伊斯坦堡

頓巴斯：明斯克協議II

盧干斯克州
俄羅斯
烏克蘭
頓內次
克州
波帕斯納
阿爾喬
莫夫斯克
布良卡
盧干斯克
傑巴利采韋
葉納基耶沃
頓內次克
多庫恰耶夫
沃爾諾瓦哈
札波羅
夫州
馬里烏波爾
什霍基內村
亞速海

140 km
70 km
70 km
140 km

親俄叛亂分子控制的領土
2015年2月的分界線
非軍事區
火箭發射（70km）及
飛彈反衝（140km）　資料來源：費加洛日報

講俄語者
|| 20% 至 30%
30% 至 50%
60% 以上
地區（州）
重要港口
穿過克赤海峽
的海上交通
主要輸氣管

煤田
分離主義地區
俄羅斯海軍艦隊
克里米亞 2014年3月：克里米亞
被俄羅斯併吞

新EEZ*理論可能導致以下
結果：
烏克蘭EEZ
俄羅斯EEZ

* EEZ：專屬經濟區（exclusive economic zone）

2018年5月：連接克里米亞與俄羅
斯的新橋試營運
2018年11月：對4艘駛近海峽的烏
克蘭船隻進行檢查

亞速海
克赤
克里米亞鐵路與公路橋
（18.1km）
克赤海峽事件

100 km

俄羅斯與喬治亞

1991年12月，蘇維埃社會主義共和國聯邦（簡稱「蘇聯」）解體，產生了15個國家，其中包括俄羅斯及位於高加索（Caucasus）地區的亞美尼亞、亞塞拜然與喬治亞。在喬治亞蘇維埃境內，住有少數民族的阿布哈茲（Abkhazia）與南奧塞提亞（South Ossetia）是自治領地。它們在1991年和1992年間宣布獨立，得到莫斯科的幫助，擺脫喬治亞當局的控制。莫斯科將之視為控制「鄰近友邦」的一個好機會。然而希望收回這些分離主義地區的喬治亞卻靠向美國，尤其是在薩卡希維利（Mikheil Saakashvili）上台之後。於是喬治亞和俄羅斯漸行漸遠，同時要求加入北約。當喬治亞愈靠近華盛頓，就愈激怒莫斯科；莫斯科對喬治亞就愈強硬，使得喬治亞就愈想和華盛頓結合——形成了一個惡性循環。最終，俄羅斯認為，喬治亞是美國用來圍堵並削弱俄羅斯的一顆棋子。

當前危機

2008年8月8日，北京奧運開幕當天，喬治亞對南奧塞提亞首都茲辛瓦利（Tskhinvali）發動攻擊。但是，擁有美國鼓舞和軍備協助的喬治亞軍隊卻一敗塗地。於是俄羅斯部隊取得了整個阿布哈茲與南奧塞提亞的控制權，並且威脅不久後就會越過喬治亞領土。

兩國在歐盟法國輪值主席尼古拉・薩科奇（Nicolas Sarkozy）的調停下宣布停火。俄羅斯撤出喬治亞領土，但不包括阿布哈茲和南奧塞提亞。

為了收回兩省而發起的這場戰爭，讓喬治亞總統意識到自己低估了俄羅斯的反應，也高估了美國的支持。當時陷入伊拉克與阿富汗戰爭泥淖的小布希政府並不想再開一條戰線，與俄羅斯槓上。另一方面，俄羅斯趁此機會懲罰喬治亞的挑釁行為，同時對烏克蘭發出信號，警告它們不要輕舉妄動，更是向西方國家表態——俄羅斯不再像1990年代一樣處於衰退狀態。俄羅斯領導層趁機打臉西方國家，讓它們將科索沃獨立和阿布哈茲與南奧塞提亞的獨立做一比較。

面對北約的擴張、科索沃的獨立及反導彈防禦計畫，原本看似無力領導俄羅斯的普丁，在2008年金融危機前，趁著油價上漲的態勢，堅定甚至粗暴地重塑了自己在國內與國際的威望。2013年10月，馬格雷希維利（Giorgi Margvelashvili）接替薩卡希維利繼任喬治亞總統。他一邊若有似無地接近俄羅斯（儘管莫斯科加強了對阿布哈茲與南奧塞提亞的控制），一邊又想維持和西方國家的關係。2018年，喬治亞裔的前法國外交官佐拉比契維利（Salome Zourabichvili）當選總統。身為親歐人士，考慮到現實，她不希望過分「粗暴」地對待莫斯科，而是藉著兩國衝突10週年之際，「揭露」莫斯科占領部分喬治亞領土的事實。

接下來可能的發展

1 領土與法律的現狀繼續維持下去。雖然只有俄羅斯與少數國家承認阿布哈茲與南奧塞提亞的獨立，但事實上，這些領土長久以來都不受喬治亞控制。喬治亞不僅無法透過武力征服這些領土，它甚至被阻止接近北約組織。

2 俄羅斯以負擔得起的代價控制這兩個地區，作為其戰略實力的實績。

3 喬治亞向這兩個省保證，透過聯邦制度來解決問題。然而短期內不太可能發生這個狀況，只有在規模更大的美俄或歐俄協議範圍內才有可能達成。

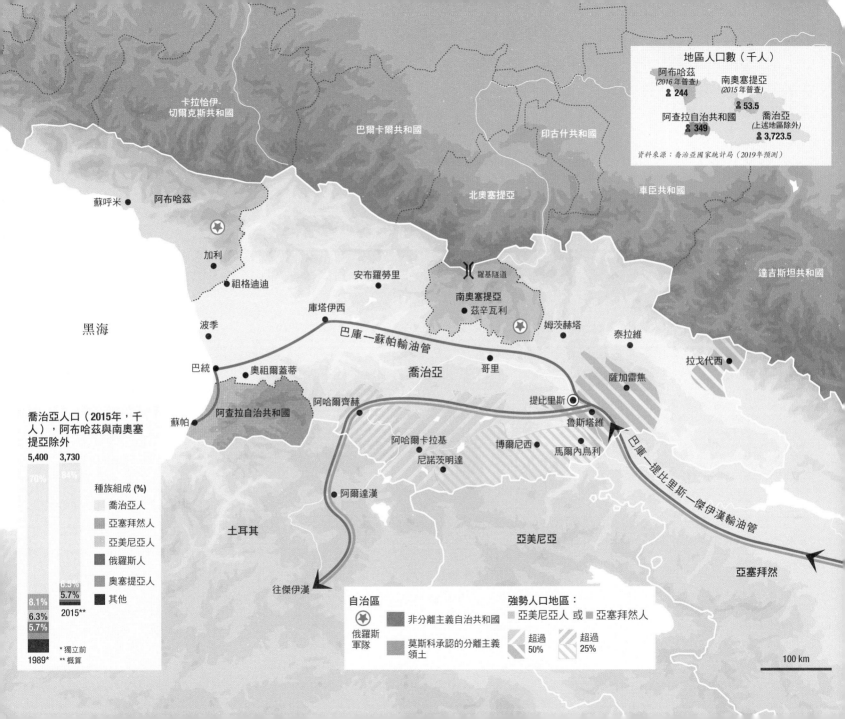

地區人口數（千人）

阿布哈茲
(2016年普查)
👤 244

南奧塞提亞
(2015年普查)
👤 53.5

阿查拉自治共和國
👤 349

喬治亞
(上述地區除外)
👤 3,723.5

資料來源：喬治亞國家統計局（2019年預測）

卡拉恰伊-
切爾克斯共和國

巴爾卡爾共和國

印古什共和國

車臣共和國

達吉斯坦共和國

蘇呼米 • 阿布哈茲

北奧塞提亞

加利 •

• 祖格迪迪

安布羅勞里 •

羅基隧道

南奧塞提亞
茲辛瓦利 •

姆茨赫塔 •

泰拉維 •

黑海

庫塔伊西 •

波季 •

巴統 • 奧祖爾蓋蒂 •

拉戈代西 •

巴庫—蘇帕輸油管

喬治亞

哥里 •

薩加雷焦 •

提比里斯 ◉

蘇帕 •

阿查拉自治共和國

阿哈爾齊赫 •

魯斯塔維 •

巴庫—提比里斯—傑伊漢輸油管

阿哈爾卡拉基 •
尼諾茨明達 •

博爾尼西 •

馬爾內烏利 •

喬治亞人口（2015年，千
人），阿布哈茲與南奧塞
提亞除外

阿爾達漢 •

土耳其

亞美尼亞

亞塞拜然

往傑伊漢

5,400   3,730

70%   84%

種族組成 (%)

喬治亞人
亞塞拜然人
亞美尼亞人
俄羅斯人
奧塞提亞人
其他

8.1%
6.3%   6.3%
5.7%   5.7%

2015**

1989*

* 獨立前
** 概算

自治區

◉ 俄羅斯
軍隊

非分離主義自治共和國

莫斯科承認的分離主義
領土

強勢人口地區：

亞美尼亞人 或 亞塞拜然人

超過
50%

超過
25%

100 km

俄羅斯與波羅的海三國

愛沙尼亞、立陶宛、拉脫維亞，合稱「波羅的海三國」，自18世紀以來就受到俄羅斯的統治。十月革命（October Revolution）後，帝俄瓦解，這三個國家紛紛於1918年宣布獨立。在第一次世界大戰後又被周圍大國占領，1920年再次獨立。1940年，蘇聯根據《德蘇互不侵犯條約（Molotov-Ribbentrop Pact）》先後併吞三國。1941至1944年，三國被納粹德國占據，第二次世界大戰之後又重新併入蘇聯。之後，莫斯科在此地實施蘇維埃化與俄羅斯化政策，讓斯拉夫人占愛沙尼亞人口的比例增加至40%。

俄羅斯人認為愛沙尼亞人對他們是感激的，因為他們把愛沙尼亞人從納粹手中解放出來，讓他們參與了國家的工業化，並自認是國家菁英。然而俄羅斯人和愛沙尼亞人說的語言不一樣，而且很少混在一起。

當前危機

蘇聯解體後，波羅的海國家獨立，但擔心又會被俄羅斯控制。愛沙尼亞語成為愛沙尼亞的官方語言，新政府盡可能限制自1940年來就住在國內的外國人及其後代取得愛沙尼亞國籍，因此俄羅斯人必須申請2年的居留權，並通過語言考試。此外，愛沙尼亞獨立後施行經濟自由化政策，導致企業私有化及工廠關閉，被影響到的主要還是俄羅斯人。1993年，愛沙尼亞國會通過一項法律，規定外國人必須選擇要成為愛沙尼亞公民，或繼續拿居留證當外國人。人們對於歷史的記憶讓彼此之間的關係惡化：對俄羅斯人來說，5月9日代表紅軍在1945年打敗納粹的勝利，但對愛沙尼亞人來說，這是被蘇維埃占據與併吞的開始。最終，愛沙尼亞是波羅的海三國之中，唯一還沒有和俄羅斯解決邊界問題的國家。

俄羅斯認為這些國家在2004年加入北約，是西方的包圍政策。波羅的海沿岸的六百萬居民對俄羅斯心懷恐懼，擔心俄羅斯會重新統治這個地區——尤其是2007年的網路駭客攻擊，愛沙尼亞認為是莫斯科在背後操縱。俄羅斯併吞克里米亞，讓波羅的海國家紛紛提高國防預算；俄羅斯則以北約在波羅的海國家擴張勢力為由，不斷在其邊境增建軍事設施。波羅的海國家得到西方的全面支持，尤其依賴華盛頓來保障它們的安全。

俄羅斯與這些國家之間的關係，在很大程度上取決於莫斯科和華盛頓與歐盟之間的關係。

接下來可能的發展

1 如果可以先改善愛沙尼亞人與俄羅斯人的關係，兩國之間的關係或許也可以得到舒緩。愛沙尼亞政府應該幫助俄羅斯裔的人民融入愛沙尼亞人，並且進一步對於歷史和國界的認知上達成協議。

2 俄羅斯與西方之間的戰略矛盾持續存在，使得以愛沙尼亞為首的波羅的海國家與俄國的關係依舊緊張且脆弱，但暫時不會變成公開衝突。這三個國家努力在北約爭取存在感，也得到回應，但是這麼做只會激怒俄羅斯。

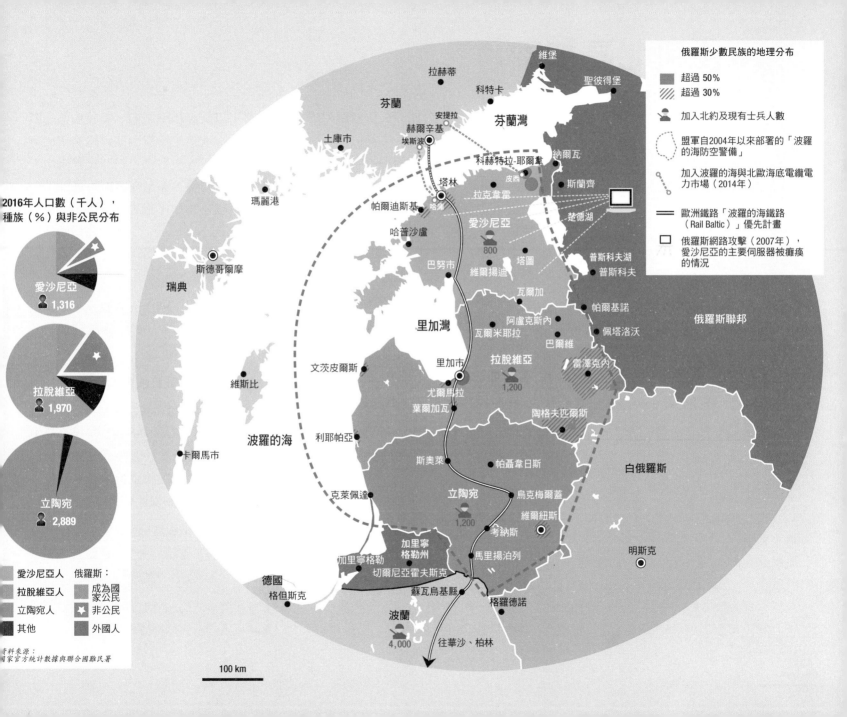

俄羅斯少數民族的地理分布

超過 50%

超過 30%

加入北約及現有士兵人數

盟軍自2004年以來部署的「波羅的海防空警備」

加入波羅的海與北歐海底電纜電力市場（2014年）

歐洲鐵路「波羅的海鐵路（Rail Baltic）」優先計畫

俄羅斯網路攻擊（2007年），愛沙尼亞的主要伺服器被癱瘓的情況

2016年人口數（千人），
種族（%）與非公民分布

愛沙尼亞
1,316

拉脫維亞
1,970

立陶宛
2,889

愛沙尼亞人　俄羅斯：

拉脫維亞人　成為國家公民

立陶宛人　非公民

其他　外國人

資料來源：
國家官方統計數據與聯合國難民署

維堡

拉赫蒂

科特卡

聖彼得堡

芬蘭

芬蘭灣

安提拉

赫爾辛基

埃斯波

納爾瓦

科赫特拉-耶爾韋

塔林

皮西

斯蘭齊

楚德湖

土庫市

帕爾迪斯基

哈普

拉克韋雷

拉赫

愛沙尼亞

哈普沙盧

巴努市

維爾揚迪

塔圖

瓦爾加

普斯科夫湖

普斯科夫

瑪麗港

斯德哥爾摩

瑞典

里加灣

800

帕爾基諾

俄羅斯聯邦

阿盧克斯內

瓦爾米耶拉

佩塔洛沃

巴爾維

文茨皮爾斯

維斯比

里加市

拉脫維亞

雷澤克內

尤爾馬拉

1,200

葉爾加瓦

陶格夫匹爾斯

利耶帕亞

波羅的海

卡爾馬市

斯奧萊

帕聶韋日斯

白俄羅斯

克萊佩達

立陶宛

烏克梅爾蓋

1,200

維爾紐斯

考納斯

明斯克

加里寧格勒州

馬里揚泊列

加里寧格勒

切爾尼亞霍夫斯克

德國

蘇瓦烏基縣

格但斯克

格羅德諾

波蘭

4,000

往華沙、柏林

100 km

車臣與北高加索

車臣人多為穆斯林，和斯拉夫民族不同，自2000年以來就居住在北高加索地區。雖說他們從未建立國家（政治實體），但還是有屬於自己的一套社會制度。在18世紀時，車臣拒絕俄羅斯殖民，對俄羅斯帝國發起武裝抗爭。經過慘烈的戰爭之後，車臣最終還是在1858年被占領。到了20世紀，史達林指控車臣和納粹合作，在1944年將他們大規模驅逐至西伯利亞。1957年，赫魯雪夫為車臣平反，允許他們返回家園。

1991年，蘇聯解體成15個國家，車臣將此視為一個機會。曾在1991年八月政變支持葉爾欽的杜達耶夫（Dzhokhar Dudayev）將軍，在1991年11月8日宣布車臣獨立。一開始被迫「放手」的葉爾欽因擔心分離主義在俄羅斯其他地方蔓延，隨後決定採取行動。1994年12月，葉爾欽發動血腥的軍事鎮壓（第一次車臣戰爭）。戰爭持續了兩年，在1996年8月以俄軍失敗告終。於是在1996至1999年之間，車臣擺脫俄羅斯的控制，實現了實質獨立。這段期間，伊斯蘭組織在國內迅速發展起來，甚至在1999年8月對達吉斯坦共和國（Dagestan）發動攻擊。1999年秋天，莫斯科和俄羅斯幾個城市發生了數起襲擊事件——克里姆林宮將襲擊責任歸咎於車臣，為自己發起的第二次軍事行動（第二次車臣戰爭）辯護，聲稱這是一項「反恐」行動。普丁宣稱俄羅斯會讓國際秩序恢復正常，此舉受到俄羅斯輿論的讚揚。這場戰爭造成超過10萬人死亡。

當前危機

普丁自2003年開始將賭注押在親俄的車臣人身上。前獨立主義人士艾哈邁德・卡迪羅夫（Akhmad Kadyrov）於2003年當選車臣總統，2004年5月9日被暗殺；其子拉姆贊（Ramzan Kadyrov）被任命為代理總理，隨後於2007年在普丁的支持下當選總統。2009年，莫斯科宣布反恐行動結束。車臣的和平是透過鎮壓與大量的投資建立起來的，這些投資讓車臣得以現代化，比北高加索地區其他共和國發展得更快。

普丁以恢復和平之名，將該地區的所有權力下放給拉姆贊。他以鐵腕統治車臣，鎮壓所有反對派，限制媒體自由，干涉司法體系，甚至在莫斯科進行針對性的暗殺（2015年暗殺鮑里斯・涅姆佐夫〔Boris Nemtsov〕）。他還嚴厲執行伊斯蘭教規，限制婦女的權利，以暴力鎮壓同性戀者。

2015年，車臣國內的聖戰分子宣誓效忠伊斯蘭國（IS），尋求和敘利亞的戰鬥人士建立聯繫管道。

接下來可能的發展

1 獨立：此選項不被莫斯科接受。鄰近的印古什（Ingushetia）和達吉斯坦都沒有跟隨車臣於1990年代走向分裂之路。車臣的獨立主義只會給當地帶來毀滅與破壞，被視為反面教材。

2 正常化：俄羅斯把賭注押在車臣的經濟發展、重建、文化自治以及培養親俄人士，試圖讓情勢恢復「正常」。

3 在整個北高加索地區維持最低限度的軍事威嚇，以維持現狀。

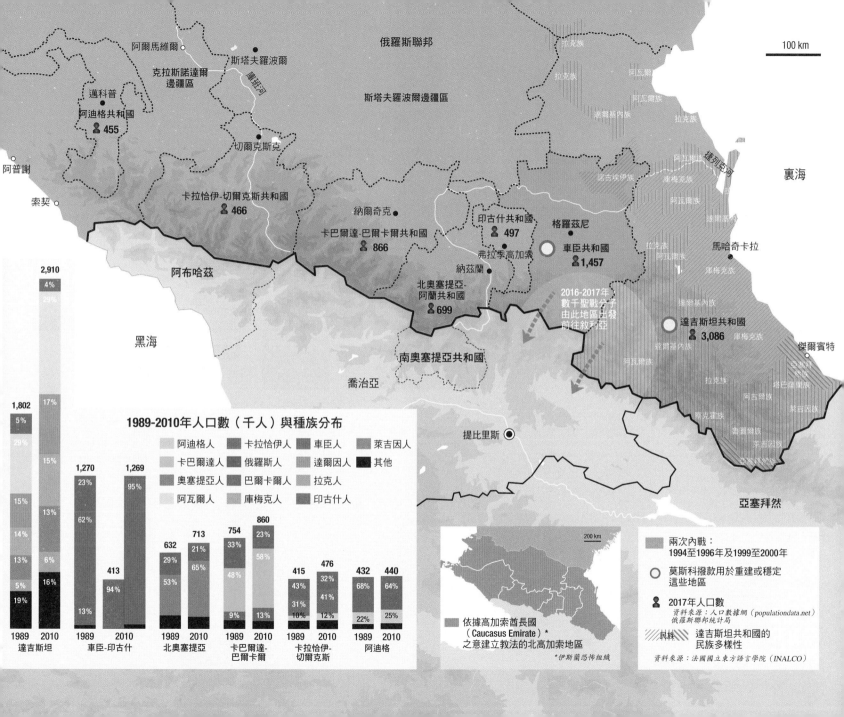

俄羅斯聯邦

100 km

阿爾馬維爾　斯塔夫羅波爾

克拉斯諾達爾邊疆區

斯塔夫羅波爾邊疆區

邁科普
阿迪格共和國 455
切爾克斯克

卡拉恰伊-切爾克斯共和國 466

納爾奇克
卡巴爾達-巴爾卡爾共和國 866

印古什共和國 497
弗拉季高加索
納茲蘭
北奧塞提亞-阿蘭共和國 699

格羅茲尼
車臣共和國 1,457

馬哈奇卡拉

達吉斯坦共和國 3,086

傑爾賓特

裏海

阿普謝
索契

阿布哈茲

黑海

南奧塞提亞共和國

喬治亞

2016-2017年數千聖戰分子由此地區出發前往敘利亞

提比里斯

亞塞拜然

拉克族 阿瓦爾族 車臣族 印古什族 諾古埃伊族 庫梅克族 達爾金族 拉克族 阿瓦爾族 達爾金族 庫梅克族 塔巴薩蘭族 阿古爾族 察克爾族 萊吉因族 亞塞拜然族

1989-2010年人口數（千人）與種族分布

圖例：
- 阿迪格人
- 卡巴爾達人
- 奧塞提亞人
- 阿瓦爾人
- 卡拉恰伊人
- 俄羅斯人
- 巴爾卡爾人
- 庫梅克人
- 車臣人
- 達爾因人
- 拉克人
- 印古什人
- 萊吉因人
- 其他

達吉斯坦
- 1989：1,802（5%、29%、15%、14%、13%、5%、19%）
- 2010：2,910（4%、29%、17%、15%、13%、6%、16%）

車臣-印古什
- 1989：1,270（23%、62%、13%）
- 2010：1,269 / 413（95%、94%）

北奧塞提亞
- 1989：632（29%、53%、13%）
- 2010：713（21%、65%）

卡巴爾達-巴爾卡爾
- 1989：754（33%、48%、9%）
- 2010：860（23%、58%、13%）

卡拉恰伊-切爾克斯
- 1989：415（43%、31%、10%）
- 2010：476（32%、41%、12%）

阿迪格
- 1989：432（68%、22%）
- 2010：440（64%、25%）

200 km

依據高加索酋長國（Caucasus Emirate）* 之意建立教法的北高加索地區
*伊斯蘭恐怖組織

兩次內戰：1994至1996年及1999至2000年

莫斯科撥款用於重建或穩定這些地區

2017年人口數
資料來源：人口數據網（populationdata.net）
俄羅斯聯邦統計局

民族　達吉斯坦共和國的民族多樣性

資料來源：法國國立東方語言學院（INALCO）

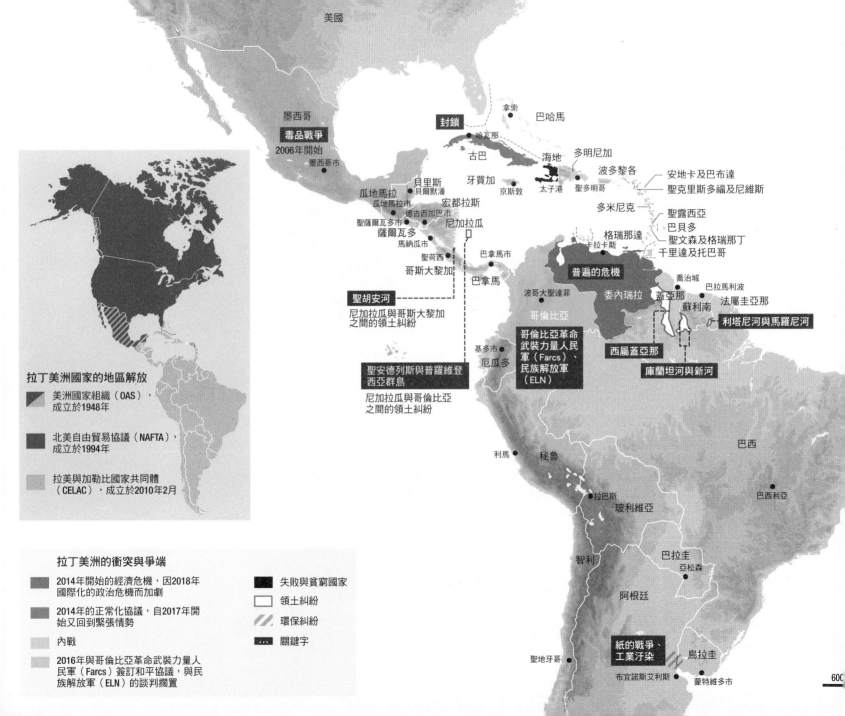

拉丁美洲國家的地區解放

- 美洲國家組織（OAS），成立於1948年
- 北美自由貿易協議（NAFTA），成立於1994年
- 拉美與加勒比國家共同體（CELAC），成立於2010年2月

拉丁美洲的衝突與爭端

- 2014年開始的經濟危機，因2018年國際化的政治危機而加劇
- 2014年的正常化協議，自2017年開始又回到緊張情勢
- 內戰
- 2016年與哥倫比亞革命武裝力量人民軍（Farcs）簽訂和平協議，與民族解放軍（ELN）的談判擱置
- 失敗與貧窮國家
- 領土糾紛
- 環保糾紛
- 關鍵字

美國

墨西哥

毒品戰爭
2006年開始

墨西哥市

封鎖

拿索

巴哈馬

哈瓦那

古巴

海地

多明尼加

波多黎各

牙買加

京斯敦

太子港

聖多明哥

安地卡及巴布達

聖克里斯多福及尼維斯

多米尼克

聖露西亞

巴貝多

聖文森及格瑞那丁

千里達及托巴哥

貝里斯
貝爾默潘

瓜地馬拉
瓜地馬拉市

宏都拉斯

德古西加巴市

聖薩爾瓦多市

薩爾瓦多

馬納瓜市

尼加拉瓜

聖荷西

哥斯大黎加

巴拿馬市

巴拿馬

格瑞那達

卡拉卡斯

普遍的危機

委內瑞拉

喬治城

巴拉馬利波

蓋亞那

蘇利南

法屬圭亞那

利塔尼河與馬羅尼河

波哥大聖達菲

哥倫比亞革命武裝力量人民軍（Farcs）、民族解放軍（ELN）

哥倫比亞

西屬蓋亞那

庫蘭坦河與新河

聖胡安河
尼加拉瓜與哥斯大黎加之間的領土糾紛

聖安德列斯與普羅維登西亞群島
尼加拉瓜與哥倫比亞之間的領土糾紛

基多市

厄瓜多

利馬

秘魯

拉巴斯

玻利維亞

巴西

巴西利亞

智利

巴拉圭

亞松森

阿根廷

烏拉圭

紙的戰爭、工業汙染

聖地牙哥

布宜諾斯艾利斯

蒙特維多市

危機與衝突的美洲

美國

蘇聯於1991年解體後，美國以超級強國的姿態成為「全」世界的領袖。在接下來的十年間，老布希（任期1988-1992年）與其後的柯林頓（William Clinton，任期1992-2000年）清楚表明了，美國將會在新的國際秩序中擔任開明的領導者角色。他們聲稱美國「應該」要維護世界的安全（也就是擔任所謂「不情願的警長（The Reluctant Sheriff）」）。

自2001年（911攻擊事件與中國崛起）開始，美國在新保守主義的影響以及小布希（任期2001-2009年）的領導下，認為西方世界正受到威脅，而他們必須維持（或是在必要時利用）軍事優勢，包括單方面用武（例如2003年出兵伊拉克），並且更有系統地支持以色列。

然而從2009年起連任兩屆總統的歐巴馬（任期2009-2017年）反而決定從「布希的戰爭」（阿富汗、伊拉克）撤回，把重點放在美國未來將會面臨的問題（經濟競爭、科技、能源革命、產業回流〔relocalisation〕、亞洲關係、中國的挑戰），並且從「側面」介入新的衝突（近東、阿拉伯革命、敘利亞、利比亞、馬利）。他想扭轉美國「不受歡迎」的形象，改善與其他國家的關係。但他並未能如願與莫斯科重新建立和平，且不得不面對中國的強勢崛起。儘管如此，美國依舊是世界第一的政治軍事強權。

當前危機

2016年，川普（任期2017-2021年）透過挑起民族對立的計畫，跌破眾人眼鏡地當選美國總統。

他認為全球化是造成美國失業率攀升的罪魁禍首，主張孤立主義和單邊主義，政策粗暴而直接。他想要保護美國領土，拒絕大批移民和進口商品（每年6,000億美元的中美貿易逆差，在2018年上升至8,910億）。他說美國再也不想（也不能）當世界警察，宣布擺脫美國的戰略承諾。他的口號「讓美國再次偉大」與「美國至上」，意即在執行政策時不會再考慮其他國家、盟邦或對手的情況。他打算將個人意志強加於其他國家，並非透過軍事力量，而是透過經濟制裁、操弄美元、數位經濟所創造的相互依存關係以及美國市場的重要性，從而引發混亂和不安。他還提高了軍事預算（從6,000億提高到7,200億美元），不僅未能與莫斯科達成和解，還與中國在經濟與戰略上展開對決。

此外，川普對於伊朗和古巴實行經濟制裁，希望能藉此讓兩國的政權垮台。

接下來可能的發展

1 其他國家擔心進不了美國市場，便自組小圈圈，希望有更好的日子，並且或多或少符合川普的願望。接任總統的政策或許不像川普那般殘酷，但仍以單邊主義為主。

2 其他國家被川普的政策嚇到，於是聯合起來，想辦法減少對美元的依賴。歐洲開始思考更大規模的戰略自主。中國、俄羅斯與其他國家互相靠攏，齊心協力制衡川普，威脅美國世界超級強權的地位。

3 美國肆無忌憚的單邊主義逐漸向外傳染，世界變得愈來愈混亂且難以管理。

4 偏左派的民主黨贏得2020年選舉後，採取多邊政策，讓美國重新大受歡迎。

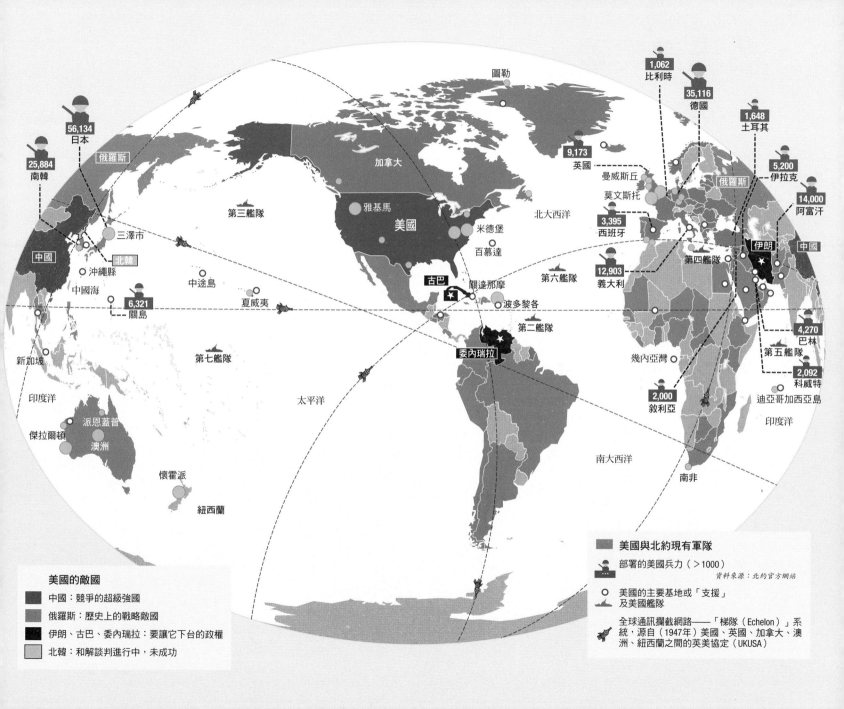

圖勒

1,062
比利時

35,116
德國

1,648
土耳其

5,200
伊拉克

9,173
英國

曼威斯丘

莫文斯托

俄羅斯

14,000
阿富汗

56,134
日本

25,884
南韓

俄羅斯

加拿大

北大西洋

3,395
西班牙

第四艦隊

伊朗

中國

中國

雅基馬

美國

米德堡

12,903
義大利

第六艦隊

三澤市

第三艦隊

百慕達

4,270
巴林

北韓

沖繩縣

古巴

關達那摩

第五艦隊

中國海

中途島

夏威夷

波多黎各

6,321
關島

第二艦隊

2,092
科威特

新加坡

第七艦隊

委內瑞拉

幾內亞灣

迪亞哥加西亞島

2,000
敘利亞

印度洋

印度洋

派恩蓋普

傑拉爾頓

澳洲

太平洋

南大西洋

南非

懷霍派

紐西蘭

美國與北約現有軍隊

部署的美國兵力（＞1000）

資料來源：北約官方網站

美國的主要基地或「支援」
及美國艦隊

全球通訊攔截網路──「梯隊（Echelon）」系
統，源自（1947年）美國、英國、加拿大、澳
洲、紐西蘭之間的英美協定（UKUSA）

美國的敵國

中國：競爭的超級強國

俄羅斯：歷史上的戰略敵國

伊朗、古巴、委內瑞拉：要讓它下台的政權

北韓：和解談判進行中，未成功

古巴與美國

1898年，西班牙在拉丁美洲的最後一個屬地——古巴——由於美國的介入而宣布獨立。然而這純粹是形式上的獨立，政治與經濟的實權其實掌握在美國手裡。直到1959年1月1日，卡斯楚（Fidel Castro）才終於推翻獨裁政權。起初卡斯楚是民族主義與反共分子，他建立的新政權沒收了美國企業在古巴的財產。華盛頓對此做出了反應，宣布不再購買古巴的主要出口資源——蔗糖。莫斯科則把握了這次機會大量購買，於是古巴開始依賴蘇聯。1961年4月，美國中央情報局（CIA）策劃了一次反卡斯楚計畫，被稱為「豬玀灣事件（Bay of Pigs invasion）」，最終以慘敗收場。此次事件之後，卡斯楚宣布古巴走上社會主義道路，並且與蘇聯締結戰略同盟。蘇聯等於是在距離美國145公里處擁有了一個基地，對此感到非常高興。1962年，蘇聯試圖在古巴島上安裝核子導彈（反制美國在土耳其安裝飛彈），引起飛彈危機，差一點就讓世界陷入核武戰爭。甘迺迪（John Kennedy）與赫魯雪夫（Nikita Khrushchev）在千鈞一髮之際展開對談，最終蘇聯撤回了飛彈，美國也宣布不再入侵古巴。

在兩國斷交之前，美國不僅停止了任何經濟援助，還對古巴下達禁運令，將它排除在美洲國家組織（Organization of American States, OAS）之外。古巴想透過切·格拉瓦（Che Guevara）向拉丁美洲輸出反帝國主義的各項革命計畫也均告失敗。美國的禁運和古巴共產黨的官僚內鬥阻礙了這座島的經濟發展。蘇聯解體後，古巴唯一的外援也沒了。雖然哈瓦那當局稍微放寬了對旅遊業的限制，但共產黨還是掌控著政治與經濟的權力。

當前危機

美國的禁運和孤立政策雖然阻礙了古巴的經濟發展，卻沒能阻止卡斯楚政權。直到2007年，他因為健康理由，把政權交給他的弟弟勞爾·卡斯楚（Raúl Castro）。美國對於1962年的飛彈危機耿耿於懷，也無法原諒當初卡斯楚將美國的資產充公。古巴被認為是共產世界遺留在美國大門外的餘黨，許多逃離卡斯楚政權的古巴人在邁阿密形成一個強大的遊說團體，長期反對任何和解。然而年輕一代的古巴人倒是沒有這些偏見，因此有利於開放。古巴政府培養反美主義勢力作為政治的黏合劑，並作為經濟失敗的藉口。2011年，勞爾·卡斯楚開始進行一系列經濟改革。2014年，歐巴馬宣布與古巴的關係恢復正常化。不管邁阿密的反卡斯楚團體態度如何強硬，歐巴馬的決定依舊沒有改變。美國前往古巴的旅客數暴增（從2014年的9萬人暴增到2017年的60萬人）。在教宗方濟各（Pope Francis，他在2015年9月訪問古巴）的牽線下，歐巴馬在2016年3月進行了歷史性的訪問，是自1928年以來第一位訪問古巴的美國總統。

川普出於對前任總統的敵意與反共情節，試圖改變歐巴馬的和解政策，重新祭出制裁。古巴新總統迪亞士·卡奈（Miguel Díaz-Canel）從中國模式（共產主義政權、資本主義經濟）得到啟發，於2019年投票通過憲法改革，得到86%的古巴人同意，將國家發展帶往同樣的方向。之後的委內瑞拉危機則使古巴喪失了該地區最重要的盟友。

接下來可能的發展

1 美國以古巴人民的懶散為賭注，加強對古巴的壓力。政府為了因應經濟危機，宣布食品與日用品定量配給，導致政權垮台。

2 經濟開放同時維持政治控制的賭注成功，人民對此感到滿意，寧可不要落入美國或流亡古巴人的控制之中。

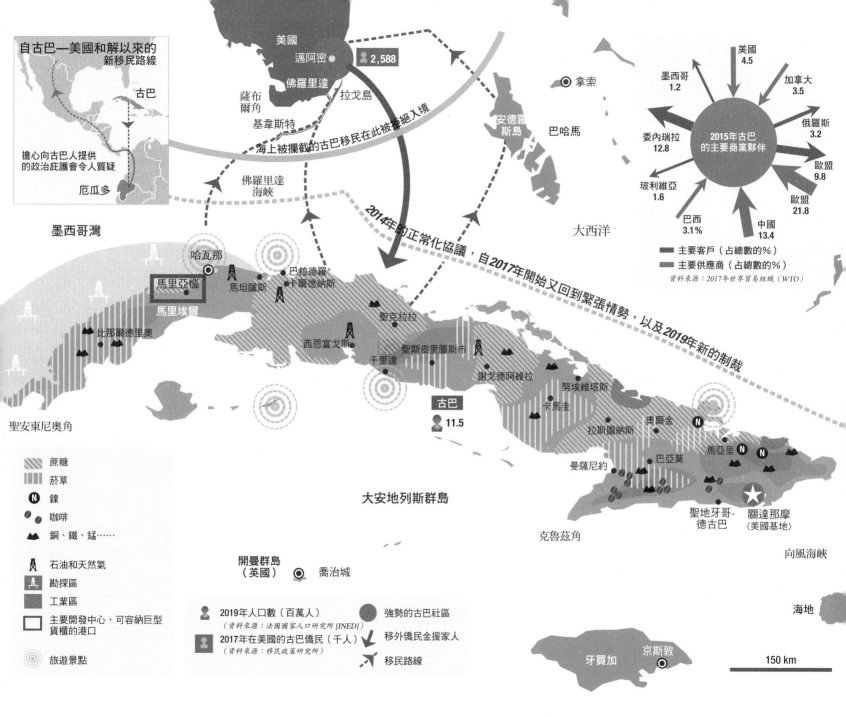

自古巴—美國和解以來的
新移民路線

古巴

擔心向古巴人提供
的政治庇護會令人質疑

厄瓜多

美國

邁阿密

佛羅里達

拉戈島

2,588

薩布
爾角

基韋斯特

海上被攔截的古巴移民在此被拒絕入境

佛羅里達
海峽

拿索

安德羅
斯島

巴哈馬

墨西哥灣

2014年的正常化協議，自2017年開始又回到緊張情勢，以及2019年新的制裁

大西洋

2015年古巴
的主要商業夥伴

美國
4.5

墨西哥
1.2

加拿大
3.5

委內瑞拉
12.8

俄羅斯
3.2

玻利維亞
1.6

巴西
3.1%

中國
13.4

歐盟
21.8

歐盟
9.8

主要客戶（占總數的%）

主要供應商（占總數的%）

資料來源：2017年世界貿易組織（WTO）

哈瓦那

馬里亞惱

巴拉德羅

馬坦薩斯

卡爾德納斯

馬里埃爾

比那爾德里奧

聖克拉拉

西恩富戈斯

聖斯皮里圖斯市

千里達

謝戈德阿維拉

努埃維塔斯

卡馬圭

古巴

11.5

拉斯圖納斯

奧爾金

曼薩尼約

巴亞莫

馬亞里

聖安東尼奧角

大安地列斯群島

克魯茲角

聖地牙哥-
德古巴

關達那摩
（美國基地）

向風海峽

蔗糖

菸草

N   鎳

咖啡

銅、鐵、錳……

石油和天然氣

勘探區

工業區

主要開發中心，可容納巨型
貨櫃的港口

旅遊景點

開曼群島
（英國）   喬治城

2019年人口數（百萬人）
（資料來源：法國國家人口研究所 [INED]）

2017年在美國的古巴僑民（千人）
（資料來源：移民政策研究所）

強勢的古巴社區

移外僑民金援家人

移民路線

海地

牙買加   京斯敦

150 km

墨西哥與中美洲

自20世紀初以來，中美洲各國的國家結構就不是很穩定。美國在此地區培植出許多為自身利益服務的政府（即所謂的「香蕉共和國（Banana Republic）」），而為了反抗這些政府，各國國內發展出許多反叛分子和游擊隊。這些衝突造成數十萬人死亡，只有哥斯大黎加（放棄擁有軍隊）和巴拿馬（因運河被牢牢控制在華盛頓手中，並發展成為金融中心）逃出這個漩渦。

冷戰結束後，中美洲國家雖然成為民主國家，但經濟與社會情況依舊嚴峻。犯罪暴力取代政治暴力，宏都拉斯、瓜地馬拉與薩爾瓦多的貧困指數屢創歷史新高，大批的流亡人口湧向美國，人口販運的問題非常嚴重。由於該地區剛好位在南美（尤其是哥倫比亞）的生產者與北美的消費者中間，販毒活動也呈現爆炸性成長。

黑幫控制了社會活動，讓該地區的兇殺犯罪率名列世界前茅（2016年，薩爾瓦多每10萬居民就有83人被殺害，歐盟會員國則均低於6人）。統計顯示，近十年來，宏都拉斯、瓜地馬拉與薩爾瓦多都有超過15萬人死亡，死亡率是墨西哥的3倍，是美國的10倍。組織犯罪造成的死亡人數比戰爭還多。

1980年代末，販毒集團在墨西哥發展起來。從2006年開始，總統卡德隆（Felipe Calderón）以軍事力量打擊販毒，並且在美國的支持下，在全國布署了10萬士兵與數十名警察。暴力事件日益嚴重，平民百姓成了受害者，揭露腐敗現象的記者與拒絕腐敗的政治家也成了犧牲者。自2006年以來，每年有4萬人因毒品戰爭而失蹤或死亡，還要再加上每年1萬起綁架案（為了高額贖金）。腐敗與不安全的情形愈來愈嚴重。

當前危機

羅培茲・歐布拉多（Andrés Manuel López Obrador）在2018年發起反貪腐運動與不安全運動，是年高票贏得選舉，成為墨西哥第一位左翼總統。

墨西哥全國有43％的人口都生活在貧窮門檻之下，於是他推出打擊貧窮的社會政策。他也想要打擊販毒，不過是透過解決暴力根源的方式，而不僅是依靠軍事行動。墨西哥80％的出口產品都銷往美國，他試圖在不引發美墨衝突的情況下，對川普採取強硬態度。

中美洲國家缺乏公民社會，政治腐敗，人民無計可施，普遍認為流亡是擺脫貧困與暴力最好的方法。

接下來可能的發展

1 當博索納洛（Jair Bolsonaro）領導的巴西不再光芒四射，歐布拉多推動的反貪腐與社會正義也取得成功，墨西哥將能取得拉丁美洲的領導地位，並且進一步啟發宏都拉斯、瓜地馬拉與薩爾瓦多。

2 販毒集團向歐布拉多發動暴力戰爭，甚至暗殺。暴力在這個國家依舊橫行。

美國

墨西哥灣

太平洋

哥倫比亞
委內瑞拉
巴西

哥倫比亞

地名:
地牙市
埃爾森特羅
華納市
鳳凰城
尤馬
墨西加利市
諾加利斯
安瓜布利塔
道格拉斯
厄爾巴索
華雷斯城
埃莫西約
濟華花
奧希納加
德爾里奧
聖安東尼奧
伊格爾帕斯
彼拉德斯內格拉斯
新拉雷多
蒙特利市
馬克艾倫
布朗斯維爾
雷諾薩
馬塔莫羅斯
拉巴斯
古拉坎
杜蘭哥
薩卡德卡
維多利亞城
馬薩特蘭
坦皮科
瓜達拉哈拉市
墨西哥市
維拉克魯茲
梅里達
坎昆
千伯徹
阿卡普高
瓦哈卡市
貝爾莫潘
瓜地馬拉市
德古西加巴市
聖薩爾瓦多
馬納瓜市
聖荷西
克里斯多福
巴拿馬城

加利福尼亞灣

2006年開始的針對聯合企業的戰爭，造成超過24萬人傷亡，4萬人失蹤

美國的中美洲客戶與供應商（總數的%）

墨西哥	80	46.4
瓜地馬拉	34.5	38.5
貝里斯	26.3	35.6
薩爾瓦多	44.9	31.8
宏都拉斯	40.2	34.7
尼加拉瓜	58.6	23.5
哥斯大黎加	41	37.3
巴拿馬	20.6	9.5

資料來源：聯合國貿易商品統計數據

墨西哥
127.5　20　43.6[2]

貝里斯
0.4　37.3　41[3]

宏都拉斯
9.1　56.5　61.9[4]　20

瓜地馬拉
16.6　24.9　59.3[1]　10

薩爾瓦多
6.3　83　29.2[3]　18

尼加拉瓜
6.1　10　24.9[2]

哥斯大黎加
4.8　11　20[3]

巴拿馬
4.0　9.6　22.1[2]

圖例:

👤 **2016年人口數（百萬人）** 資料來源：2019戰略年

毒品路線：
→ 古柯鹼
→ 安非他命
→ 大麻與冰毒

移民
━ 現有的牆
◇ 25個過境點　資料來源：《世界報》（Le Monde），2019年1月

犯罪行為
🏃 每10萬人的謀殺率
資料來源：聯合國，2016年數據

貧窮
⚒ 生活在貧窮線以下的人口%
資料來源：世界銀行，[1]2014年，[2]2016年，[3]2017年，[4]2018年

經濟依賴
◁ 散居國外者的金錢占GDP的%
◖ 與美國的貿易

亞洲

200 km

哥倫比亞

/////////////////////////////////////

自由主義（哥倫比亞自由黨）領袖豪爾赫·蓋坦（Jorge Gaitán）被暗殺後，一場腥風血雨的內戰摧毀了1948至1958年間的哥倫比亞。一些被認為支持自由主義的村莊慘遭滅村，估計總共約有20至30萬人死亡，而當時哥倫比亞的總人口數為1,500萬。

人民挺身反抗，組成了兩支受馬克思主義思想啟發的游擊隊：哥倫比亞革命武裝力量人民軍（Fuerzas Armadas Revolucionarias de Colombia, FARC，原屬於哥倫比亞共產黨）與民族解放軍（Ejército de Liberación Nacional, ELN，由在古巴接受過軍事訓練的共產主義者建立）。

1958年，自由派與保守派意識到衝突對國家帶來的傷害，於是簽署了和平協議，組成國民陣線，兩黨每4年輪流執政，直到1974年取消，恢復政黨自由競爭。然而此一制度形成了寡頭政治，菁英階層得以分享權力，不必聽從人民大眾的需求。於是內戰再起。政府為了打擊游擊隊，不分青紅皂白地對平民百姓進行軍事鎮壓，尤其是鄉村地區。

在國家萎靡不振的背景下，販毒活動暴增，某些地方的人民反而仰賴毒品產業帶來的經濟建設。游擊隊和準軍事組織為了籌集經費，涉足毒品產業和綁架勾當，逐漸變質為私人財產的守護者。綁架與暗殺事件層出不窮，政治與刑事暴力交織糾結，導致FARC成功控制了哥倫比亞部分地區。

哥國總統烏里韋（Álvaro Uribe，任期2002-2010年）放棄和平談判，對於掃蕩國內游擊隊採取強硬態度。他指控委內瑞拉總統查維茲（Hugo Chávez）幫助FARC，並且積極拉攏美國，希望在其幫助下以軍事方式解決問題，但最終還是沒有獲得勝利。

當前危機

政府與游擊隊之間的衝突造成近30萬人死亡，700萬人流離失所。2010年當選總統的桑托斯（Juan Manuel Santos）表示支持和平談判，並且展開多次祕密會談，最後終於與FARC於2016年在古巴簽訂一紙和平協議。FARC自行解除武裝並轉為合法政黨（共同替代革命力量〔Fuerza Alternativa Revolucionaria del Común, FARC〕），在國會占有6個席位。它們計畫推行農業改革，並且宣布大赦，然而後者受到過去曾遭受暴力傷害的人們反對。此外，FARC當中的某些異議分子還維持著某種程度的暴力傾向，並且揚言重啟武裝行動。

桑托斯總統在2016年獲得諾貝爾和平獎，並且與ELN展開談判。然而2018年當選的伊萬·杜克（Iván Duque）卻質疑他與FARC之間的協議，以及與ELN的談判原則。

從數字看衝突

哥倫比亞目前有將近4,900萬居民。在過去60年中，內戰總共奪走26萬人的性命，其中有80％是平民，軍人死亡人數超過45,000人。將近95,000人死於準軍事組織，36,000多人死於極左翼革命團體，9,800人死於哥倫比亞武裝部隊。此外，700萬人流離失所，3萬人被綁架（大部分是被FARC或ELN綁架），同時約有15,000件性暴力案件。

接下來可能的發展

1 被川普推上風口浪尖的杜克對和平協議與大赦提出質疑，並表示想對某些FARC成員進行審判。於是這些暴力分子重回地下活動，衝突再起。

2 勉強維持休戰，直到忠於桑托斯路線的新總統達成全面和平協議。

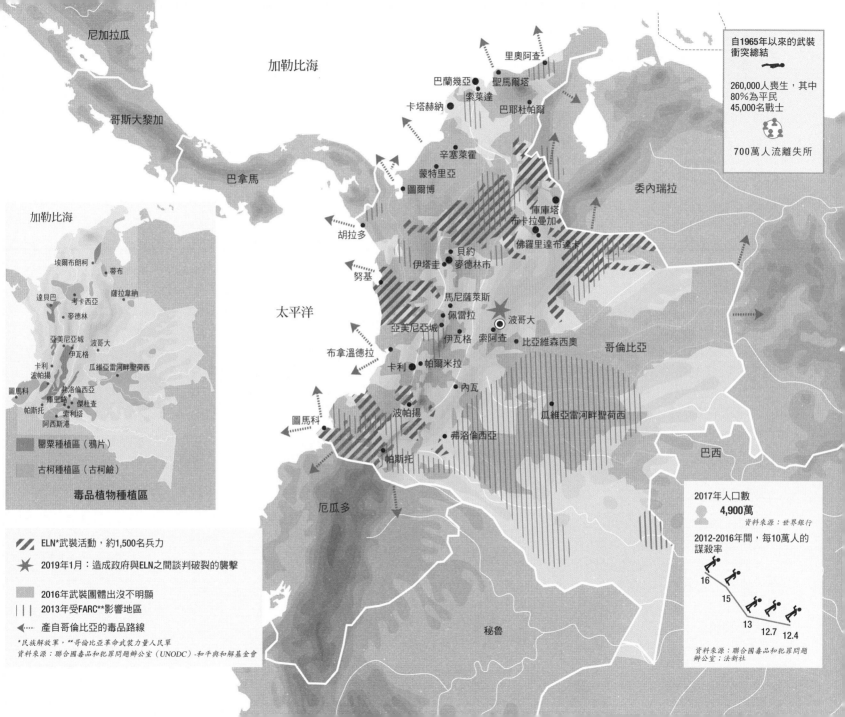

加勒比海

尼加拉瓜

哥斯大黎加

巴拿馬

太平洋

里奧阿查

巴蘭幾亞　聖馬爾塔
索萊達
卡塔赫納　　巴耶杜帕爾

辛塞萊霍
蒙特里亞
圖爾博

庫庫塔
布卡拉曼加
胡拉多　　　　　　　　　佛羅里達布達卡

貝約
伊塔圭　麥德林市
努基

馬尼薩萊斯
亞美尼亞城　佩雷拉
布拿溫德拉　　伊瓦格　索阿查　波哥大
卡利　帕爾米拉　　比亞維森西奧

內瓦
圖馬科　　波帕揚

弗洛倫西亞　　瓜維亞雷河畔聖荷西
帕斯托

委內瑞拉

哥倫比亞

巴西

厄瓜多

秘魯

自1965年以來的武裝
衝突總結

260,000人喪生，其中
80%為平民
45,000名戰士

700萬人流離失所

2017年人口數
4,900萬
　　　　資料來源：世界銀行

2012-2016年間，每10萬人的
謀殺率
16
　15
　　　13　12.7　12.4

資料來源：聯合國毒品和犯罪問題
辦公室；法新社

毒品植物種植區

加勒比海

埃爾布朗柯　　蒂布
達貝巴
考卡西亞　薩拉章納
麥德林
亞美尼亞城
　　　　波哥大
卡利
波帕揚　瓜維亞雷河畔聖荷西
伊瓦格
圖馬科
弗洛倫西亞
庫爾薩　傑杜查
帕斯托　索利塔
阿西斯港

罌粟種植區（鴉片）

古柯種植區（古柯鹼）

毒品植物種植區

ELN*武裝活動，約1,500名兵力

2019年1月：造成政府與ELN之間談判破裂的襲擊

2016年武裝團體出沒不明顯

2013年受FARC**影響地區

產自哥倫比亞的毒品路線

*民族解放軍，**哥倫比亞革命武裝力量人民軍
資料來源：聯合國毒品和犯罪問題辦公室（UNODC）-和平與和解基金會

委內瑞拉

1958年，委內瑞拉的民主運動獲得勝利，從此由投票產生的民主政府取代了軍事獨裁統治。1974年，原油價格翻漲兩倍，讓委內瑞拉（石油儲量占全球18％，比沙烏地阿拉伯還高）一夜致富，從農業經濟轉向以石油為基礎的租賃經濟。然而這些錢並沒有為人民帶來好處，貪腐的政權和富裕國家的社會不公義現象愈來愈嚴重。1998年，烏戈·查維茲（Hugo Chávez）憑藉著一項重新分配國家財富的計畫，成為民選總統。他宣稱自己贊同卡斯楚的社會主義理想，並且向古巴靠攏。他企圖減少石油開採以提高油價，來支付他所制定的慷慨社會政策；政策雖然受到人民歡迎，卻引起了資方的不滿。此外，美國一直是委內瑞拉石油的主要買家，很擔心委內瑞拉與古巴的外交走得太近。

查維茲利用國家的財富來資助其過於活躍的反美外交。他靠向俄羅斯、伊朗和中國，將石油便宜賣給古巴，古巴則提供社會（教師、醫師）援助作為交換。他和拉丁美洲的民粹政府（厄瓜多、波利維亞）交好，和魯拉（Luiz Inácio Lula da Silva）領導的巴西維持良好關係。此外，他對小布希的抨擊也讓他在國際上聲名大噪。

然而他既沒有幫委內瑞拉的經濟尋找其他出路（委國的石油一直都是在美國提煉），也沒有善用石油收入來改善基礎建設。儘管他被批評為「獨裁領袖」，依舊連任了三屆民選總統，而人民似乎也都很感謝他的社會政策。

當前危機

查維茲於2013年過世後，由尼古拉斯·馬杜洛（Nicolás Maduro）繼任。然而他既沒有歷史的正統性，也缺乏個人魅力。國際原油價格持續低迷，讓所有消費品皆仰賴進口的委內瑞拉經歷了一場經濟危機，進而引發政治與社會危機。馬杜洛政權稱反對黨和美國勾結；2015年贏得立法選舉的反對黨則試圖發起總統罷免公投。馬杜洛稱反對黨為反動分子，想要結束社會福利，是美國帝國主義的代理人；馬杜洛的對手則指責他無能，只會軍事鎮壓，導致經濟動盪。

2017年3月，馬杜洛解散國會，獨攬立法大權，並且於2018年5月，在反對黨杯葛的情況下再次當選總統。油價下跌讓經濟崩盤，甚至出現糧食危機。曾經是南美最富裕國家的委內瑞拉破產了，4百萬委內瑞拉人（超過人口的10％）選擇流亡海外。通貨膨脹在2018年達到1,370,000％的高峰，居高不下的失業率影響全國35％的人口。

2019年1月，反對黨領袖胡安·瓜伊多（Juan Guaidó）自行宣布就任總統。利馬集團（The Lima Group，拉丁美洲大多數國家組成的聯盟）與歐盟大多數國家都支持瓜伊多，但俄羅斯、中國、玻利維亞、尼加拉瓜等國家，以及委國軍隊則是支持馬杜洛。局勢陷入困境，人民只能繼續逃亡，想辦法逃離貧困。墨西哥與烏拉圭出面調停，避免衝突加劇，然而美國的制裁讓經濟危機更加惡化。

接下來可能的發展

1 在軍方的支持下，馬杜洛以殘酷血腥的軍事鎮壓來制衡對手，國家經濟只會變得更疲弱不振。

2 墨西哥與烏拉圭調停成功，為馬杜洛找到一個光榮的下台階，重新選舉。

3 美國直接介入（或間接為反對派提供軍備），下一步就會引發內戰。

4 國家繼續分裂，情況依舊膠著。

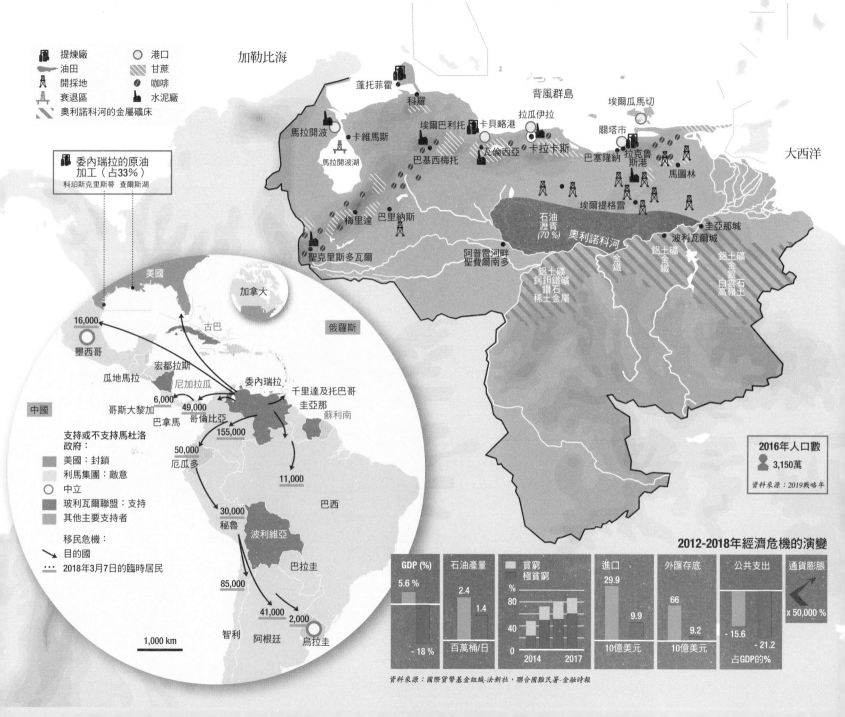

圖例

- 🏭 提煉廠
- ⛽ 油田
- 開採地
- 衰退區
- ⬛ 奧利諾科河的金屬礦床
- ⚪ 港口
- 甘蔗
- 咖啡
- 水泥廠

加勒比海

背風群島

大西洋

蓬托菲霍
科羅
馬拉開波
卡維馬斯
埃爾巴利托
卡貝略港
拉瓜伊拉
埃爾瓜馬切
關塔市
馬拉開波湖
巴基西梅托
瓦倫西亞
卡拉卡斯
巴塞隆納
拉克魯斯港
埃爾提格雷
馬圖林
梅里達
巴里納斯
石油瀝青(70%)
奧利諾科河
圭亞那城
波利瓦爾城
聖克里斯多瓦爾
阿普雷河畔
聖費爾南多
鋁土礦
銅鉬鐵礦
鑽石
稀土金屬
金鐵
鋁土礦
金鐵
鋁土礦
金銀
白雲石
高嶺土

委內瑞拉的原油
加工（占33%）
科珀斯克里斯蒂 查爾斯湖

2016年人口數
👤 3,150萬
資料來源：2019戰略年

美國
16,000
墨西哥
加拿大
古巴
宏都拉斯
瓜地馬拉
尼加拉瓜
6,000
哥斯大黎加
巴拿馬
49,000
哥倫比亞
155,000
50,000
厄瓜多
委內瑞拉
千里達及托巴哥
圭亞那
蘇利南
11,000
俄羅斯
中國
巴西
30,000
秘魯
波利維亞
巴拉圭
85,000
智利
41,000
2,000
阿根廷
烏拉圭

支持或不支持馬杜洛
政府：
- 美國：封鎖
- 利馬集團：敵意
- ⚪ 中立
- 玻利瓦爾聯盟：支持
- 其他主要支持者

移民危機：
- → 目的國
- ⋯ 2018年3月7日的臨時居民

1,000 km

2012-2018年經濟危機的演變

GDP (%)	石油產量	貧窮／極貧窮	進口	外匯存底	公共支出	通貨膨脹
5.6% / -18%	2.4 / 1.4 百萬桶/日	80% / 40% (2014-2017)	29.9 / 9.9 10億美元	66 / 9.2 10億美元	-15.6 / -21.2 占GDP的%	x 50,000%

資料來源：國際貨幣基金組織-法新社，聯合國難民署-金融時報

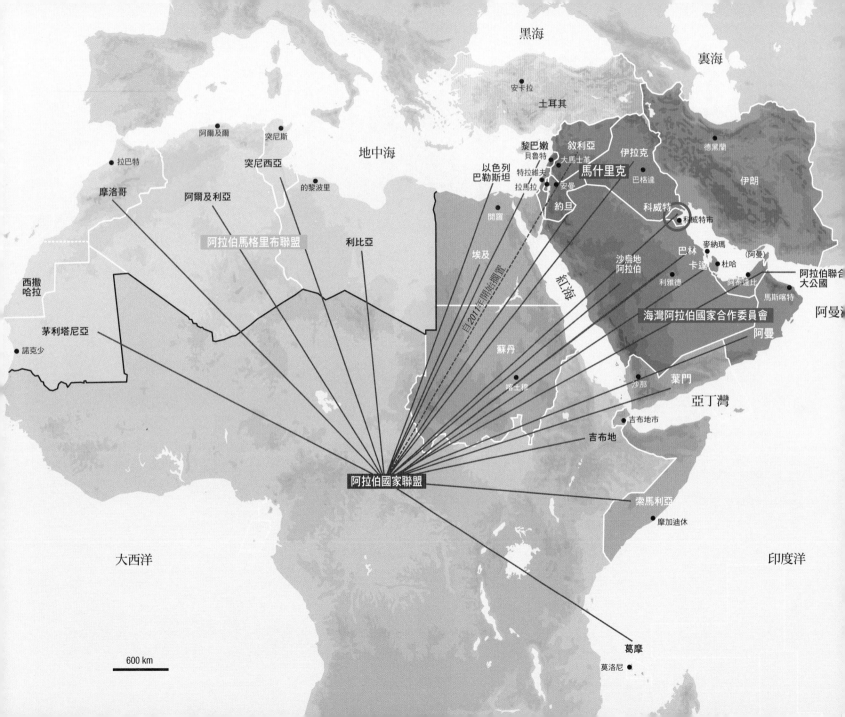

黑海

裏海

安卡拉

土耳其

阿爾及爾　突尼斯

拉巴特

地中海

德黑蘭

黎巴嫩　敘利亞　伊拉克

突尼西亞

的黎波里

貝魯特　大馬士革

馬什里克

摩洛哥

阿爾及利亞

以色列
巴勒斯坦

特拉維夫

拉馬拉

安曼

巴格達

伊朗

利比亞

開羅

約旦

科威特

科威特市

西撒
哈拉

阿拉伯馬格里布聯盟

埃及

紅海

沙烏地
阿拉伯

巴林　麥納瑪

卡達　杜哈　(阿曼)

阿拉伯聯合
大公國

茅利塔尼亞

自2011年開始閒置

蘇丹

利雅德

阿布達比

馬斯喀特

阿曼

諾克少

海灣阿拉伯國家合作委員會

喀土穆

沙那

葉門

阿曼

吉布地市

亞丁灣

吉布地

阿拉伯國家聯盟

索馬利亞

大西洋

摩加迪休

印度洋

600 km

葛摩

莫洛尼

危機與衝突的中東

以色列、巴勒斯坦與阿拉伯國家（1）

1897年，猶太記者西奧多·赫茨爾（Theodor Herzl）出版了《猶太國》（The Jewish State）一書，認為猶太人應該建立一個屬於自己的國家，免受反猶太人的迫害。1917年，英國外交大臣貝爾福勛爵（Lord Balfour）發表聲明，贊成在巴勒斯坦建立一個「猶太民族之家」，同時允諾讓隸屬於鄂圖曼帝國的阿拉伯人獨立。他談到「給一群沒有土地的人民，一塊沒有人民的土地」，卻忘了當時的巴勒斯坦已經住滿了人。1919至1939年間，由於猶太復國主義運動的極端發展，以及中歐與德國的猶太人大批出走，由英國託管的巴勒斯坦地區，其猶太人口從65,000人激增到425,000人，從原本不到總人口的10%增漲至30%。此舉引發了阿拉伯國家對猶太移民的敵意。第二次世界大戰後，聯合國通過計畫，將巴勒斯坦55%的領土劃給猶太人，45%劃給阿拉伯人。阿拉伯人拒絕了這項安排，發起了第一次以阿戰爭，結果戰敗。1948年5月14日，以色列第一屆總理大衛·本古里安（David Ben-Gurion）宣布建國，領土從巴勒斯坦的55%擴張到78%。剩下的領土被埃及與約旦占領。然而當初承諾要給巴勒斯坦人建立的國家並沒有著落，於是725,000名巴勒斯坦人只能逃離家園，成為難民。阿拉伯國家拒絕承認以色列。為了自保，以色列只好向歐美靠攏，因此被視為前殖民國家的盟友。1956年，

以色列和英國、法國一起針對埃及總統納瑟（Gamal Abdel Nasser）將蘇伊士運河國有化的問題，發起了第二次以阿戰爭。蘇聯趁此機會與埃及結為聯盟。1967年，以色列贏得了第三次以阿戰爭，也就是所謂的「六日戰爭（Six-Day War）」，占領東耶路撒冷、約旦河西岸與加薩走廊、埃及的西奈半島，以及敘利亞的戈蘭高地。這個無可挽回的失敗被所有阿拉伯國家視為恥辱。聯合國安理會通過第242號決議，強調不容許以戰爭取得領土，並呼籲以色列撤出占領區。隨後，阿拉伯國家首領在喀土穆高峰會上，提出了對以色列的「三不」聲明：不和解，不承認，不談判。

巴勒斯坦人主張武裝鬥爭，拒絕承認以色列，以色列也拒絕和他們對話。1973年，埃及和敘利亞對以色列發動突襲，該場戰爭被稱為「贖罪日戰爭」，其結果與影響一直延續至今。1978年，埃及總統沙達特（Anwar Sadat）主動前往耶路撒冷，向以色列人提出和平建議，兩國簽訂了大衛營協議。埃及承認以色列，以色列則歸還西奈半島。埃及因為這件事被逐出阿拉伯國家聯盟（League of Arab States），於是轉而和美國結盟，取得重要的經濟援助。

1982年，以色列介入黎巴嫩內戰，欲趕走在黎國境內建立國家的巴勒斯坦人。於1964年成立巴勒斯坦解放組織（Palestine Liberation Organization, PLO）的亞西爾·阿拉法特（Yasser Arafat）不

得不逃離受法國保護的貝魯特，而以色列的形象也因協助馬龍派（Maronite）民兵屠殺難民營裡的平民而顏面盡失。從1987年開始，年輕的巴勒斯坦人發起一系列的「起義」，反對以色列的軍事占領。經過1990至1991年的波斯灣戰爭後，美國了解到，海珊利用以色列占領領土一事，很容易就能煽動阿拉伯國家的輿論。老布希要求以色列改變態度，與巴勒斯坦直接展開談判。1993年，兩方終於在華盛頓簽署了奧斯陸協議（The Oslo Accords）。PLO承認以色列的存在，以色列（伊扎克·拉賓〔Yitzhak Rabin〕出任總理時期）則承認PLO為巴勒斯坦的合法代表（儘管以國至今仍將PLO視為恐怖組織）。根據協議，以色列在巴勒斯坦建國之前，必須分階段撤出占領區。

1994年7月1日，流亡的阿拉法特獲准回到巴勒斯坦。然而就在1995年11月4日，拉賓遭到激進猶太主義分子暗殺，使得和平進程陷入困境。在2000年的大衛營（Camp David）高峰會上，美國總統柯林頓希望能在其任期結束前達成和平協議。然而事與願違，協議失敗，暴力的惡性循環再起，促使以色列人在2001年2月把票投給艾里爾·夏隆（Ariel Sharon）。當選總理的夏隆反對奧斯陸協議，偏離了拉賓的政策路線，一點一點解除奧斯陸協議，哈馬斯（Hamas，該組織拒絕承認以色列）恐怖主義趁機壯大。

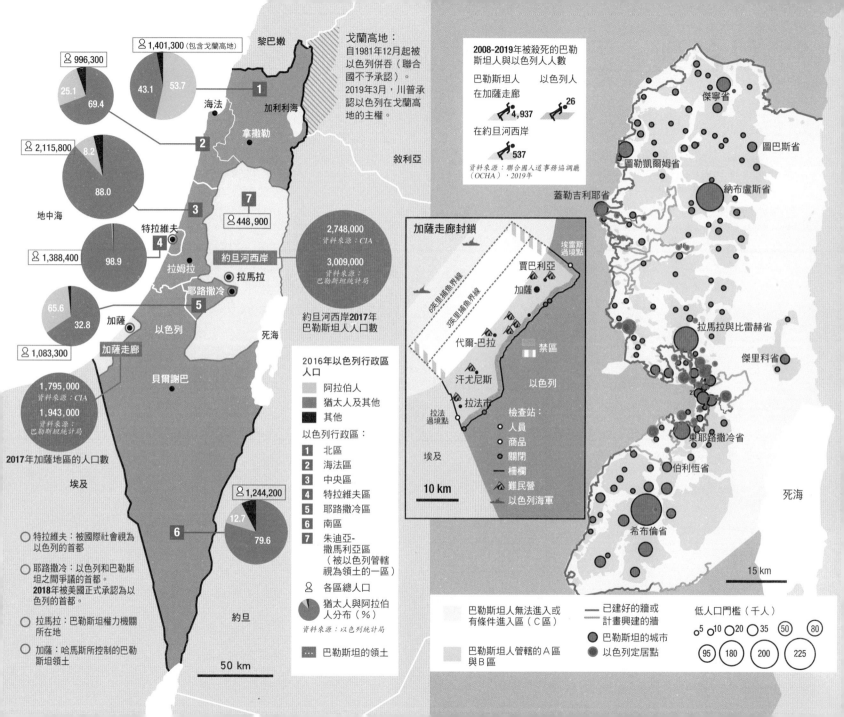

☖ 996,300

25.1
69.4

☖ 1,401,300 (包含戈蘭高地)

43.1
53.7

黎巴嫩

戈蘭高地：
自1981年12月起被
以色列併吞（聯合
國不予承認）。
2019年3月，川普承
認以色列在戈蘭高
地的主權。

2008-2019年被殺死的巴勒
斯坦人與以色列人人數

巴勒斯坦人　　　以色列人

在加薩走廊
🏃 4,937　　🏃 26

在約旦河西岸
🏃 537

資料來源：聯合國人道事務協調廳
（OCHA），2019年

海法

加利利海

1

敘利亞

☖ 2,115,800

8.2
88.0

拿撒勒

2

地中海

3

7

☖ 448,900

2,748,000
資料來源：CIA

☖ 1,388,400

98.9

特拉維夫

4

約旦河西岸

3,009,000
資料來源：
巴勒斯坦統計局

拉姆拉

拉馬拉

耶路撒冷

5

65.6
32.8

加薩

以色列

死海

約旦河西岸2017年
巴勒斯坦人人口數

☖ 1,083,300

加薩走廊

貝爾謝巴

加薩走廊封鎖

埃雷斯
過境點

6浬捕魚界線

3浬捕魚界線

賈巴利亞

加薩

代爾-巴拉

禁區

以色列

汗尤尼斯

拉法市

1,795,000
資料來源：CIA

1,943,000
資料來源：
巴勒斯坦統計局

2017年加薩地區的人口數

埃及

☖ 1,244,200

12.7
79.6

6

拉法
過境點

埃及

檢查站：
○ 人員
◐ 商品
● 關閉
— 柵欄
🏕 難民營
⛵ 以色列海軍

10 km

2016年以色列行政區
人口

　阿拉伯人
　猶太人及其他
　其他

以色列行政區：

1 北區
2 海法區
3 中央區
4 特拉維夫區
5 耶路撒冷區
6 南區
7 朱迪亞-
　撒馬利亞區
　（被以色列管轄
　視為領土的一區）

☖ 各區總人口

🥧 猶太人與阿拉伯
　人分布（％）

資料來源：以色列統計局

約旦

50 km

○ 特拉維夫：被國際社會視為
　以色列的首都

○ 耶路撒冷：以色列和巴勒斯
　坦之間爭議的首都。
　2018年被美國正式承認為以
　色列的首都。

○ 拉馬拉：巴勒斯坦權力機關
　所在地

○ 加薩：哈瑪斯所控制的巴勒
　斯坦領土

⋯ 巴勒斯坦的領土

傑寧省

圖巴斯省

圖勒凱爾姆省

納布盧斯省

蓋勒吉利耶省

拉馬拉與比雷赫省

傑里科省

東耶路撒冷省

伯利恆省

希布倫省

死海

15 km

巴勒斯坦人無法進入或
有條件進入區（C區）

巴勒斯坦人管轄的A區
與B區

— 已建好的牆或
　計畫興建的牆

● 巴勒斯坦的城市
● 以色列定居點

低人口門檻（千人）

○5 ○10 ○20 ○35 ◯50 ◯80

◯95 ◯180 ◯200 ◯225

以色列、巴勒斯坦與阿拉伯國家（2）

2002年，阿拉伯國家聯盟提出一項和平倡議，以承認以色列作為交換。要求以色列撤出巴勒斯坦地區以及周圍占領的土地（好在此讓巴勒斯坦建國），此倡議沒有收到任何回應。就算以色列單方面從加薩走廊（7千名以色列人定居於此，被140萬巴勒斯坦人包圍著）撤軍，也無法阻止他們繼續在約旦河西岸定居。這樣的僵局迫使巴勒斯坦人在2006年1月的立法委員選舉中，把大多數的票投給反對奧斯陸協議，且被西方國家和以色列視為恐怖組織的哈馬斯黨派。西方國家因此斷絕與巴勒斯坦政府往來。巴勒斯坦在地理上被分為加薩走廊與約旦河西岸，在政治上則分為哈馬斯和法塔赫（Fatah，「巴勒斯坦民族解放運動」的簡稱）。加薩走廊的軍隊雖然清空了，卻遭到封鎖。巴勒斯坦人向以色列城市發射火箭彈作為回應，此舉引起了新一波的軍事介入行動以及對加薩走廊的轟炸，在短短兩個月內（2008年12月至2009年1月）造成1,400人死亡。此一局勢導致以色列在2009年2月的選舉中，選出了民族主義色彩最強烈的政府。

巴勒斯坦地區的和平輪廓，其實大家早已心知肚明，並且在幾份重要文件中都明確定義了：在以色列旁邊建立一個巴勒斯坦國；以色列有權在1967年劃定的邊界內居住；若能在領土上得到補償並且相互同意，那麼邊界可以有調整的空間。然而一直以來，彼此的不信任與敵意一直占了上風。

2009年，歐巴馬總統含蓄地要求以色列停止在約旦河西岸的屯墾行為。不過才剛當選以色列總理的納坦雅胡（Benjamin Netanyahu）得到美國國會的支持，對此要求充耳不聞，繼續為之。2012年11月29日，經聯合國大會投票（138票贊成，9票反對，41票棄權），巴勒斯坦被選為聯合國「觀察員國（Non-member observer state）」。但此舉對於當地的實際情況並未有任何改變或幫助。若是以色列的屯墾持續進行，兩國之間的和平還有其他解法嗎？

2014年，三名以色列青年疑遭哈馬斯綁架，引發以色列政府再次轟炸加薩走廊，造成2,200人死亡。2015年3月，以納坦雅胡為首的以色列聯合黨（Likud）再次贏得選舉，形成反對談判的極右派政府。巴勒斯坦與以色列的社會對立愈來愈嚴重，國際社會則刻意表現得無能為力。此一地區可謂名符其實的定時炸彈。

川普（力挺以色列）當選後，讓納坦雅胡（與宗教極端分子及移民黨派關係密切）更堅決不讓步。川普宣布承認耶路撒冷為以色列首都，並且將大使館移到該城市，同時承認以色列在戈蘭高地的主權；美國因此與巴勒斯坦當局決裂。近幾年來，以色列在外交上的表現較為出色，歐盟、俄羅斯和中國實際上也都接受了這個情況，印度及幾個比較低調的非洲國家皆與以色列建立了合作關係。博索納洛的勝選，讓巴西晉身以色列的盟友之列。出於對伊朗的共同敵意，沙烏地阿拉伯與阿拉伯聯合大公國也選擇和以色列和解。阿拉伯國家已然放棄了巴勒斯坦人的利益，如今巴勒斯坦人只能仰賴輿論的力量。

接下來可能的發展

1 納坦雅胡政府雖沒有正式回絕談判，但一邊運用既成事實政策，一邊將賭注押在巴勒斯坦人的疲乏與阿拉伯及西方國家的不作為，繼續在約旦河西岸屯墾。

2 「雙重標準」的不公義感在穆斯林輿論中蔓延，助長其對西方世界的敵意，導致暴力衝突再起。

3 世界輿論的壓力或以色列輿論的風向改變，讓以色列認真思考巴勒斯坦國的可能性。起步很困難，但只要兩國開始合作，就能逐步建立起真正的和平，讓整個地區的經濟跟著起飛。這種新局勢有助紓解伊斯蘭與西方的關係，但就目前來說，這是最不可能發生的一種狀況。

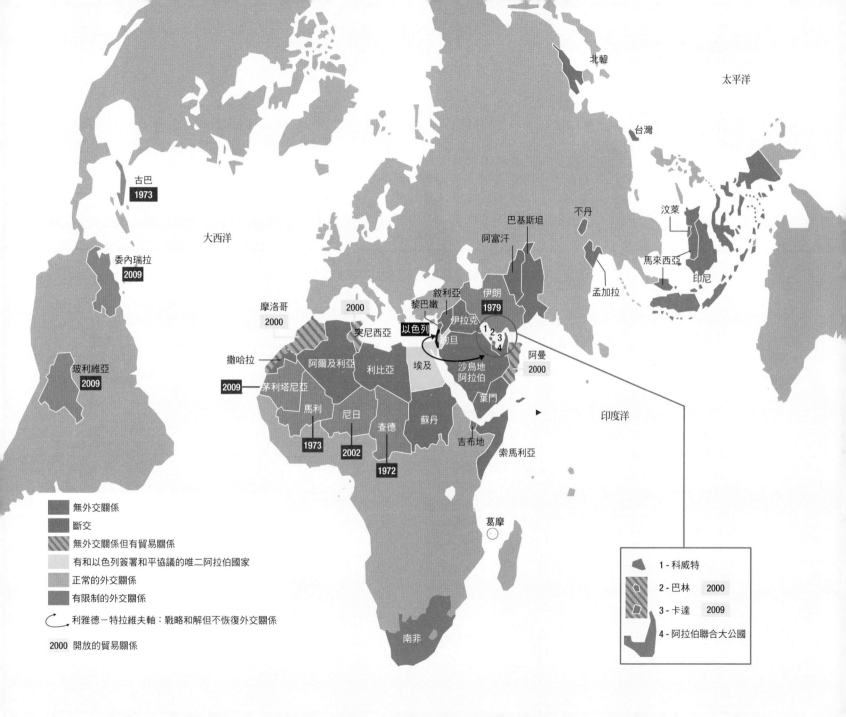

太平洋

北韓

台灣

古巴
1973

大西洋

委內瑞拉
2009

玻利維亞
2009

摩洛哥
2000

撒哈拉

茅利塔尼亞
2009

馬利

尼日

查德
1972

1973

2002

突尼西亞

阿爾及利亞

利比亞

埃及

蘇丹

吉布地

索馬利亞

南非

葛摩

敘利亞
黎巴嫩

以色列

伊拉克

約旦

沙烏地
阿拉伯

葉門

伊朗
1979

阿富汗

巴基斯坦

不丹

孟加拉

阿曼
2000

印度洋

汶萊

馬來西亞

印尼

1 - 科威特

2 - 巴林   2000

3 - 卡達   2009

4 - 阿拉伯聯合大公國

無外交關係

斷交

無外交關係但有貿易關係

有和以色列簽署和平協議的唯二阿拉伯國家

正常的外交關係

有限制的外交關係

利雅德－特拉維夫軸：戰略和解但不恢復外交關係

2000 開放的貿易關係

敘利亞

敘利亞原為鄂圖曼帝國的一部分，第一次世界大戰後由法國託管，在1946年獨立。歷史上的敘利亞地區，範圍比現在敘利亞阿拉伯共和國大得多，還包括約旦、黎巴嫩、巴勒斯坦等地。未能將黎巴嫩納入其領土，一直讓敘利亞感到很遺憾。

1970年，哈菲茲·阿薩德（Hafez al-Assad）將軍發動政變，取得政權。他屬於阿拉維派（Alawites，什葉派的一支）穆斯林，占敘利亞總人口的10%。他所建立的專制政權，在戰略上與蘇聯休戚與共。1976年，黎巴嫩爆發內戰。他應馬龍派基督徒的請求進行軍事干涉，以求結束黎巴嫩族裔間的對抗。此舉讓他在黎巴嫩的影響力倍增。阿薩德誇誇其談要反西方、反以色列，但意識到自己與以色列的軍力懸殊，因此外交上盡可能避免與其有任何直接衝突。2004年，安理會通過第1559號決議，呼籲外國部隊撤出黎巴嫩。2005年，黎巴嫩總理拉菲克·哈里里（Rafic Hariri）遇刺。敘利亞因被指控下令暗殺哈里里與其他反對派人士，只得被迫撤出黎巴嫩。

當前危機

在突尼西亞抗議者自焚引發茉莉花革命並襲捲埃及之後，2011年3月中旬，敘利亞也發生了群眾示威遊行，抗議巴沙爾·阿薩德（Bashar al-Assad，哈菲茲·阿薩德之子，於2000年接任總統）的獨裁和腐敗，抗議政府缺乏經濟與社會的遠見，抗議權力與財富集中在阿拉維少數派與其親信手中。巴沙爾假意承諾民主改革，同時採取粗暴的軍事鎮壓手段。他一邊宣稱這是國外勢力的陰謀，一邊利用國內少數派對遜尼派（多數）的恐懼，讓抗議演變成內戰。2012年3月，反抗阿薩德政府的反對派組織產生分裂，與宣布將以武裝進行抗爭的敘利亞全國委員會（Syrian National Council）分道揚鑣。阿薩德政府得到俄羅斯的支持，在聯合國安理會上依法贊助他武器。伊朗與黎巴嫩真主黨（Hezbollah）也表示支持。西方國家幾乎沒有對武裝反對派提供任何幫助，因為它們自2011年來就擔心聖戰分子最終會取得控制權，而且它們不想在阿富汗與伊朗撤軍期間，再介入阿拉伯世界的另一條戰線。於是，一邊是阿薩德的政權，一邊是聖戰分子，很快就領先了溫和的反對派。

2014年，伊拉克的遜尼派聖戰組織——伊斯蘭國宣布成立。其領土基礎橫跨敘利亞和伊拉克，面積大小和英國相當。伊斯蘭國成為恐怖分子的避難所，其中某些組織還策劃在許多國家發動攻擊。

2015年9月，俄羅斯和（伊朗資助的）真主黨幫助巴沙爾奪回大部分領土。由於庫德族軍隊步步進逼，伊斯蘭國於2019年3月失去其領土基礎。

這場戰爭造成50萬人死亡，500萬人成為難民，700萬人流離失所。敘利亞在某種程度上可說是被內戰摧毀了。自戰爭爆發以來，GDP下降了75%。西方與波斯灣國家指控巴沙爾犯了戰爭罪與危害人類罪。美國認為敘利亞的掌權者應該下台，重組政府（如同伊拉克和利比亞）；與美國主張相反的俄羅斯，則以反恐名義及戰略利益支持巴沙爾。而土耳其，則是不想讓庫德族在它的邊境成立自治區。

接下來可能的發展

1 俄羅斯、西方國家與波斯灣國家，在沒有巴沙爾·阿薩德、反對派分子和聖戰分子的前提下，與敘利亞的過渡政府達成協議。而西方國家與波斯灣國家同意金援敘利亞的重建。

2 俄羅斯與伊朗繼續支持巴沙爾·阿薩德，藉此控制敘利亞。也因此，波斯灣國家與西方國家都拒絕為敘利亞的重建買單。巴沙爾在俄羅斯與中國的幫助下，繼續領導一個破敗不堪的國家。

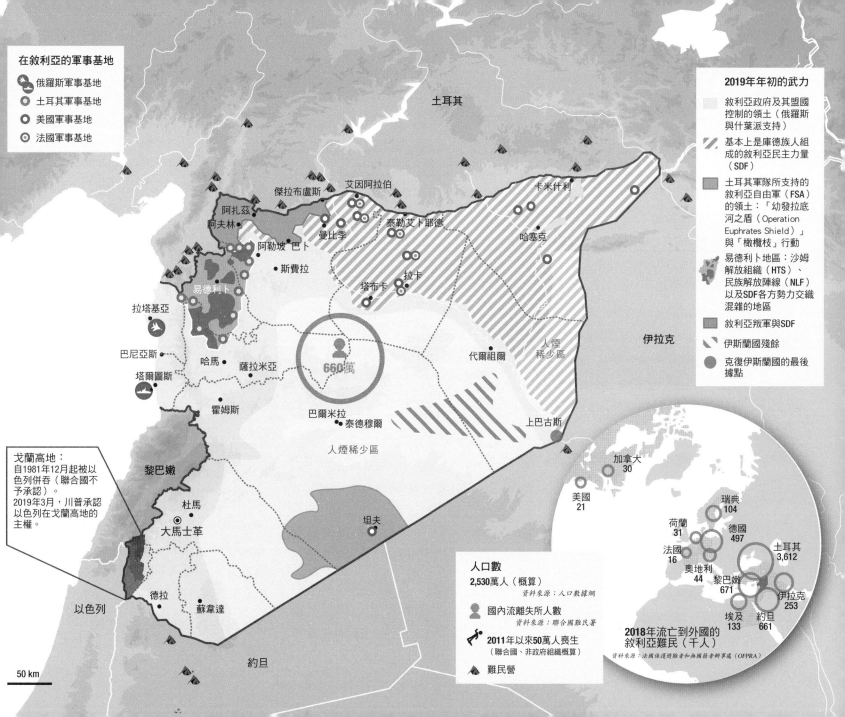

在敘利亞的軍事基地

🛩 俄羅斯軍事基地
◎ 土耳其軍事基地
◉ 美國軍事基地
◉ 法國軍事基地

2019年年初的武力

敘利亞政府及其盟國控制的領土（俄羅斯與什葉派支持）

基本上是庫德族人組成的敘利亞民主力量（SDF）

土耳其軍隊所支持的敘利亞自由軍（FSA）的領土：「幼發拉底河之盾（Operation Euphrates Shield）」與「橄欖枝」行動

易德利卜地區：沙姆解放組織（HTS）、民族解放陣線（NLF）以及SDF各方勢力交織混雜的地區

敘利亞叛軍與SDF

伊斯蘭國殘餘

克復伊斯蘭國的最後據點

土耳其

敘利亞

傑拉布盧斯　艾因阿拉伯　卡米什利
阿扎茲
阿夫林
　　阿勒坡　巴卜　曼比季　泰勒艾卜耶德　哈塞克
拉塔基亞　　斯費拉
　　　易德利卜
巴尼亞斯　　　　　　塔布卡　拉卡
塔爾圖斯　哈馬　薩拉米亞　　　　　　代爾祖爾
　　　　　　　　660萬
　　霍姆斯　　　巴爾米拉
　　　　　　　　泰德穆爾　　人煙稀少區
黎巴嫩　　　　　　　　　　上巴古斯

伊拉克

人煙稀少區

戈蘭高地：
自1981年12月起被以色列併吞（聯合國不予承認）。
2019年3月，川普承認以色列在戈蘭高地的主權。

杜馬
坦夫
◉ 大馬士革

以色列

德拉
蘇韋達

約旦

50 km

人口數

2,530萬人（概算）
　　　　資料來源：人口數據網

👤 國內流離失所人數
　　　資料來源：聯合國難民署

🦴 **2011年以來50萬人喪生**
　（聯合國、非政府組織概算）

🏕 難民營

2018年流亡到外國的敘利亞難民（千人）

加拿大 30
美國 21
瑞典 104
荷蘭 31
德國 497
法國 16
奧地利 44
土耳其 3,612
黎巴嫩 671
埃及 133
約旦 661
伊拉克 253

資料來源：法國保護避難者和無國籍者辦事處（OFPRA）

黎巴嫩

1860年左右，鄂圖曼帝國的馬龍派基督徒與當地的德魯茲教派（Druze）穆斯林起了衝突並遭到屠殺。於是拿破崙三世（Napoleon Ⅲ）派遣了一支遠征軍，強迫鄂圖曼帝國建立一個自治省——黎巴嫩山省（Mount Lebanon），讓法國人來此定居，保護基督徒。

1916年，巴黎和倫敦簽訂賽克斯皮科協定（Sykes-Picot Agreement），劃分各自在近東的勢力範圍（當時還是鄂圖曼帝國的領土）。法國得到黎巴嫩和今日的敘利亞北部，南部巴勒斯坦地區則歸英國。

1943年，黎巴嫩宣布獨立，並且發表了一項「國民公約」：穆斯林放棄和敘利亞結盟，馬龍派基督徒則承認黎巴嫩的阿拉伯身分。然而敘利亞一直將黎巴嫩視為國內一省，不承認它的獨立。獨立後的黎巴嫩政府，由馬龍派擔任總統，遜尼派主持部長會議，國會主席則歸什葉派，共同執政，合作無間，讓黎巴嫩成為阿拉伯世界的經濟與知識中心。

當前危機

由於以色列和阿拉伯國家之間的戰爭，大批巴勒斯坦難民來到黎巴嫩定居，卻無權融入當地。1975年，國內不同民族派系爆發衝突，遂演變成內戰。起初，黎巴嫩的馬龍派基督徒呼籲敘利亞介入，幫助恢復秩序。以色列趁機占領黎巴嫩南部地區，以防巴勒斯坦在此建立後勤基地，主導軍事行動。1982年，以色列向貝魯特發動襲擊——9月，基督教長槍黨（Phalanges）為了報復，進入薩布拉（Sabra）與夏蒂拉（Chatila）難民營屠殺巴勒斯坦平民，導致以色列軍隊遭受國際譴責。1989年，各方勢力簽訂塔伊夫協議（Taif Agreement），結束內戰。2000年，以色列部隊自南黎巴嫩撤軍。敘利亞部隊則於2005年撤出黎巴嫩。2006年，真主黨、什葉派民兵與以色列軍隊發生衝突，以色列再次對黎巴嫩開戰。

2008年，敘利亞與黎巴嫩簽署聯合公報，建立正式外交關係。然而在國內，政府分裂為所謂的親美國與親敘利亞兩個陣營。黎巴嫩還是很脆弱，只要以巴衝突和以黎敘三國之間的矛盾一日不解，很難想像這個國家未來能有穩定的發展。敘利亞內戰造成大量難民湧向黎巴嫩，伊斯蘭國與蓋達組織（Al-Qaeda）企圖進駐，令人擔心不安全感會在這個國家繼續蔓延下去。黎巴嫩真主黨的勢力愈來愈強（引起沙烏地阿拉伯的敵意），其與國內部分基督徒都支持敘利亞的阿薩德政權。兩國局勢與關係依舊處於不穩定狀態。

接下來可能的發展

1 理想狀況：以色列與巴勒斯坦及敘利亞之間的和平，讓黎巴嫩得以穩定，讓族群分裂與外國干涉的情況得以結束，重新恢復經濟榮景。但是這種狀況短期內不太可能實現。

2 黎巴嫩依舊受到各個外國勢力（敘利亞、伊朗、以色列、美國）影響，又因為內部分裂導致經濟停滯，愈來愈多菁英逃離家園。

3 敘利亞內戰擴展到黎巴嫩。

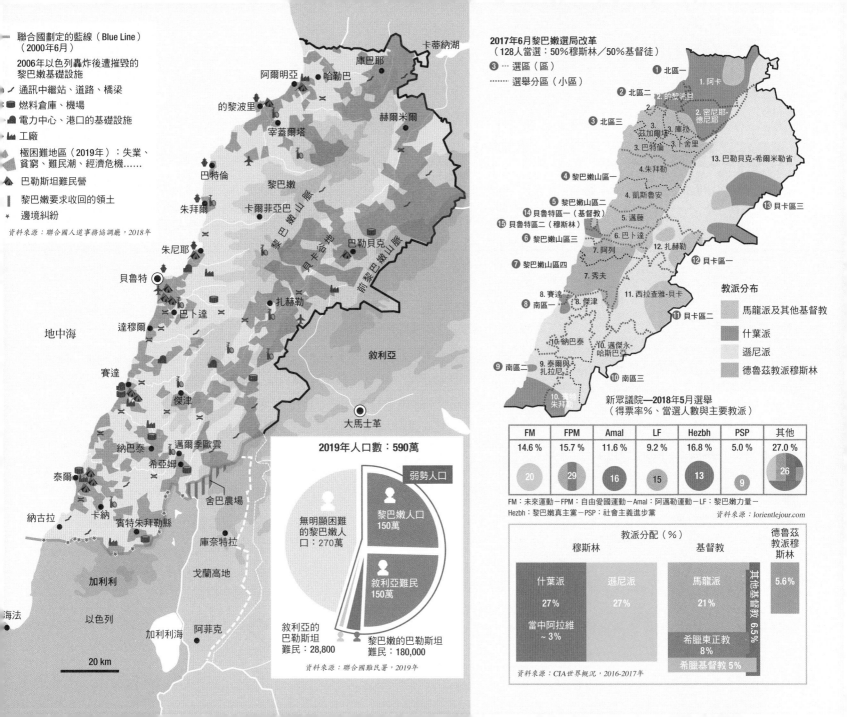

以色列與伊朗

1941年，穆罕默德李查・巴勒維（Mohammad Reza Pahlavi）繼位成為伊朗的沙阿（Shah，波斯語古代君主頭銜），於1953年在CIA的指使下，扳倒了在1951年將伊朗石油收歸國有的民選首相摩薩台（Mohammad Mosaddegh），鞏固了自己的權力。伊朗與以色列建交，因此與其他阿拉伯國家產生裂痕。1967年，阿拉伯國家在六日戰爭中大敗，以及1973年贖罪日戰爭的軍事僵局，讓沙阿更加堅定自己的選擇。1979年，伊斯蘭最高精神領袖何梅尼（Khomeini）發起革命，推翻沙阿。在這段期間，以伊兩國之間的言語交鋒變得異常激烈。然而兩伊戰爭開打後（1980至1988年），以色列還是站在伊朗這邊，幫忙提供武器——這是以色列為了延長戰爭，削弱兩個對手的戰略。經過1990至1991年的波斯灣戰爭後，伊朗以該地區最強潛力的國家自居，甚至公開嘲笑美國與以色列。1982年，伊朗資助的什葉派伊斯蘭組織真主黨在黎巴嫩成立，於是以色列周圍出現了以前沒有的什葉派勢力，也給了伊朗更多可以施壓的手段。

當前危機

2002年的小布希「邪惡軸心」（Axis of evil）指控，以及2003年的伊拉克戰爭，導致伊朗政權在保守派的內賈德（Mahmoud Ahmadinejad）當選總統後，再度走向激進。內賈德在以色列的強烈譴責中，找到讓他在伊朗與穆斯林世界中鞏固聲望的手段，甚至讓這個希伯來國家從地圖上消失的可能性。

伊朗提煉濃縮鈾，被認為發展核武計畫；加上伊朗軍力在伊拉克戰爭後相對增強，竟讓擔憂的以色列官員提議向伊朗發動軍事攻擊。雖然以色列人沒能成功說服美國人出兵，他們仍舊不放棄，時時威脅要攻擊伊朗。近幾年也發生過電腦病毒破壞伊朗核設備，以及伊朗核科學家遇刺的案件。

2010年6月，聯合國進一步加強對伊朗的制裁。2013年6月，立場較為溫和的哈桑・羅哈尼（Hassan Rohani）當選伊朗總統，讓人期待關於核武談判接下來的發展。2015年7月，在歐巴馬的推動下，美國、俄羅斯、中國、法國、德國和伊朗簽署了一項「P5＋1」協議，阻止了兩項災難性的發展：伊朗擁有核武，或為了阻止伊朗擁有核武而發動戰爭。然而少了國際與美國的制裁，以色列更擔心伊朗重返國際社會，以及其經濟發展的前景。以色列總理納坦雅胡繼續譴責伊朗的祕密核武計畫造成地區局勢不穩，譴責伊朗介入敘利亞內政以及控制黎巴嫩真主黨。仇視伊朗的川普當選後，宣布退出歐巴馬所簽訂的協議。出於對伊朗的警戒與恐懼，沙烏地阿拉伯選擇與以色列達成戲劇性的和解。上述種種讓納坦雅胡的態度變得更加強勢。以美國為首的禁運制裁削弱了伊朗的經濟，羅哈尼被激進分子批評，說他的政策無法向西方國家靠攏，而人民則是對糧食的短缺和限縮感到厭倦。

接下來可能的發展

1 以色列成功說服美國介入，共同對付伊朗。伊拉克混亂的局勢再次上演，甚至更糟。

2 以色列希望藉由美國的制裁，在經濟上扼住伊朗，牽制伊朗。

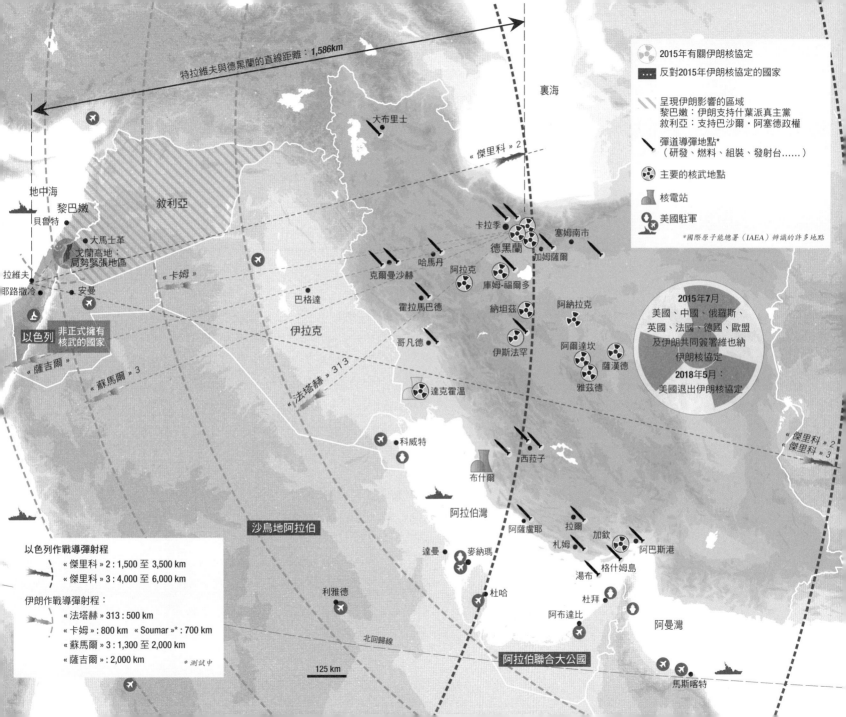

特拉維夫與德黑蘭的直線距離：1,586km

裏海

大布里士

敘利亞

地中海

黎巴嫩
貝魯特

大馬士革
戈蘭高地：
局勢緊張地區

拉維夫
耶路撒冷
安曼

以色列
非正式擁有
核武的國家

«薩吉爾»

«蘇馬爾» 3

«卡姆»

巴格達

伊拉克

哥凡德

«法塔赫» 313

«傑里科» 2

卡拉季
德黑蘭
塞姆南市
加姆薩爾

哈馬丹
阿拉克
庫姆-福爾多
克爾曼沙赫
霍拉馬巴德
納坦茲
阿納拉克
伊斯法罕
阿爾達坎
薩漢德
雅茲德

達克霍溫

科威特

布什爾

阿拉伯灣

西拉子

沙烏地阿拉伯

利雅德

北回歸線

達曼
麥納瑪
阿薩盧耶
拉爾
加欽
札姆
阿巴斯港
湯布
格什姆島
杜哈
杜拜
阿布達比

阿曼灣

阿拉伯聯合大公國

馬斯喀特

«傑里科» 2
«傑里科» 3

125 km

以色列作戰導彈射程
«傑里科» 2：1,500 至 3,500 km
«傑里科» 3：4,000 至 6,000 km

伊朗作戰導彈射程：
«法塔赫» 313：500 km
«卡姆»：800 km «Soumar»*：700 km
«蘇馬爾» 3：1,300 至 2,000 km
«薩吉爾»：2,000 km   *測試中

2015年有關伊朗核協定

反對2015年伊朗核協定的國家

呈現伊朗影響的區域
黎巴嫩：伊朗支持什葉派真主黨
敘利亞：支持巴沙爾・阿塞德政權

彈道導彈地點*
（研發、燃料、組裝、發射台……）

主要的核武地點

核電站

美國駐軍

*國際原子能總署（IAEA）辨識的許多地點

2015年7月
美國、中國、俄羅斯、
英國、法國、德國、歐盟
及伊朗共同簽署維也納
伊朗核協定

2018年5月：
美國退出伊朗核協定

伊朗與美國

第二次世界大戰後，為了防止蘇聯的野心，伊朗轉而向美國尋求保護。美國幫助沙阿除掉進步黨首相摩薩台，兩方透過戰略結盟，伊朗答應承認以色列並向其供應石油。此舉引發阿拉伯國家震怒。

1973年的石油危機，讓伊朗的經濟強勢發展。由於伊朗的人口結構，加上和以色列維持良好關係，讓它成為美國的重要盟友，甚至被美國當成「波斯灣警察」。

1979年的何梅尼革命，以及1979年11月至1981年1月間的伊斯蘭學生劫持美國外交人員事件，讓兩國的外交與商業關係同時中斷。兩國互相妖魔化對方。

在長達8年的兩伊戰爭中，美國大玩兩面手法。1986年，美國爆發伊朗門醜聞（Irangate）：美國向伊朗提供武器，作為釋放黎巴嫩的人質的交換條件。

當前危機

在柯林頓總統任內，華盛頓數度想重啟對話，但都失敗了。在2002年1月，小布希將伊朗（還有伊拉克與北韓）列入「邪惡軸心」時，雙方關係更加惡化。

2003年的伊拉克戰爭讓德黑蘭少了一個傳統敵人，卻又擔心美國對它發動軍事行動。在21世紀初，伊朗被指控支持恐怖主義，甚至以軍事為目的發展核武計畫。曾在1990年代與伊朗進行過關鍵對話的歐洲，起初試著透過外交途徑解決核武危機，後來改與美國採取同樣立場。中國與俄羅斯對伊朗發展核武沒有好感，但還是希望與其保持良好關係，不想讓美國獨霸中東地區。但伊朗還是覺得自己被美國的軍事部署給包圍。2009年3月，歐巴馬向伊朗提議展開「沒有先決條件」的對話。這項和解政策讓拒絕的伊朗保守派感到很不舒服，於是他們在2009年的總統選舉中作弊，讓內賈德再次當選。歐巴馬拒絕以色列打擊伊朗核武設施的要求，但同意加強制裁的力道。

2013年，溫和派的羅哈尼當選伊朗總統，改變了遊戲規則。2015年7月，六國簽署「P5＋1」協議，要求伊朗限制並控制其非軍事化的核計畫，以換取解除國際制裁。此一協議啟動了華盛頓與德黑蘭之間的歷史性和解。

然而川普當選後，兩國的關係再次大洗牌。他宣告廢除該協議，並公開主張德黑蘭政權應換人做做看——他的意見和歐洲、俄羅斯與中國相左。美國在中東地區的兩個主要盟友——以色列與沙烏地阿拉伯——聯合起來支持川普的立場，關係因而變得親近。伊朗激進分子譴責羅哈尼和西方國家靠攏的政策失敗。2019年5月，川普宣布禁止所有國家向伊朗採購石油。即使被美國掐著脖子，伊朗依舊宣布希望能提高2015年協議所定的濃縮鈾生產量門檻。兩國之間的緊張情勢達到了頂點。

接下來可能的發展

1 伊朗恢復核計畫。以色列和美國著手打擊伊朗，推翻政權。

2 美國與國際的制裁狠狠勒住伊朗的脖子。人民起而反抗，推翻政權。這是美國、以色列與沙烏地阿拉伯所希望見到的結果。

3 美國以經濟制裁手段逼迫伊朗政府改組，使其落入和伊拉克與利比亞相同的結果，引發混亂。

4 美國重提歐巴馬的對話政策。伊朗溫和派拿回在政壇的影響力。

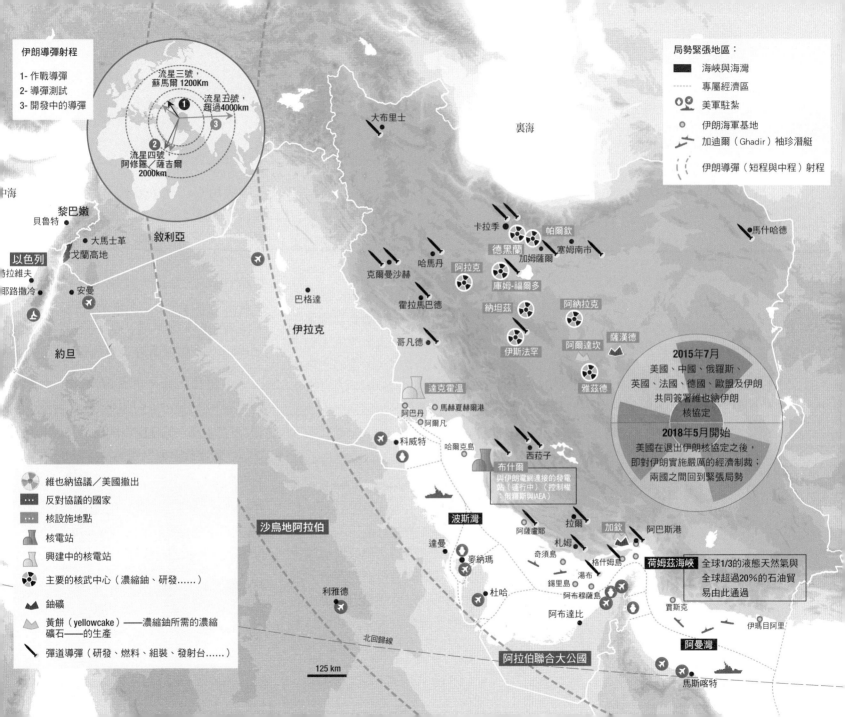

伊朗導彈射程
1- 作戰導彈
2- 導彈測試
3- 開發中的導彈

流星三號，
蘇馬爾 1200Km
流星五號，
超過4000km
流星四號；
阿修羅／薩吉爾
2000km

局勢緊張地區：
海峽與海灣
專屬經濟區
美軍駐紮
伊朗海軍基地
加迪爾（Ghadir）袖珍潛艇
伊朗導彈（短程與中程）射程

裏海

地中海

黎巴嫩
貝魯特
大馬士革
戈蘭高地
以色列
特拉維夫
耶路撒冷
安曼
約旦

敘利亞

伊拉克
巴格達

大布里士

卡拉季
帕爾欽
德黑蘭
塞姆南市
加姆薩爾
哈馬丹
阿拉克
庫姆-福爾多
克爾曼沙赫
納坦茲
阿納拉克
霍拉馬巴德
阿爾達坎
薩漢德
伊斯法罕
雅茲德

馬什哈德

2015年7月
美國、中國、俄羅斯、
英國、法國、德國、歐盟及伊朗
共同簽署維也納伊朗
核協定

2018年5月開始
美國在退出伊朗核協定之後，
即對伊朗實施嚴厲的經濟制裁；
兩國之間回到緊張局勢

達克霍溫
阿巴丹
馬赫夏赫爾港
阿爾凡

科威特
哈爾克島

沙烏地阿拉伯
達曼
麥納瑪
利雅德
杜哈
阿布達比

布什爾
與伊朗電網連接的發電
路（運行中）（控制權
：俄羅斯與IAEA）
西拉子

波斯灣

阿薩盧耶
拉爾
加欽
阿巴斯港
札姆
格什姆島
奇須島
錫里島
湯布
阿布穆薩島
賈斯克
伊瑪目阿里

荷姆茲海峽 全球1/3的液態天然氣與
全球超過20%的石油貿
易由此通過

北回歸線

阿拉伯聯合大公國

阿曼灣
馬斯喀特

125 km

維也納協議／美國撤出
反對協議的國家
核設施地點
核電站
興建中的核電站
主要的核武中心（濃縮鈾、研發……）
鈾礦
黃餅（yellowcake）——濃縮鈾所需的濃縮
礦石——的生產
彈道導彈（研發、燃料、組裝、發射台……）

伊朗與沙烏地阿拉伯

////////////////////////////////// 背景

伊朗與沙烏地阿拉伯同樣以穆斯林人口為主，但文化與語言皆不同；它們從來沒有在戰略上聯盟過，且總是對立。伊朗（波斯帝國的繼承者）是自詡為革命家的伊斯蘭共和國，沙烏地阿拉伯是保守的君主制；前者視美國為「撒旦」，後者則將其視為不可或缺的保護者。什葉派（伊朗）與遜尼派（沙烏地阿拉伯）之間的確存在差異與分歧，但仍不足以概括解釋兩國之間的對立。

在沙阿統治下的伊朗採取親西方政策，不僅承認以色列，還賣石油給以色列。美國將其塑造成「波斯灣警察」，讓阿拉伯國家非常感冒。1979年，何梅尼的伊斯蘭革命顛覆了伊朗的政治走向，卻沒因此與鄰近的阿拉伯國家建立良好關係。這個由什葉派領導的伊斯蘭共和國認為這些阿拉伯國家的君主政權是不合法的，而且對美國過於唯命是從。伊朗試圖倚賴什葉派（在某些波斯灣國家中占人口多數）的力量，輸出它的伊斯蘭革命理念，卻成為阿拉伯國家的動亂來源。後者於是支持伊拉克，視其為兩伊戰爭中的反伊斯蘭革命堡壘。伊朗令人畏懼，因為它的人口數大於波斯灣阿拉伯國家的總合。

當前危機

在1990年代，伊朗的領導人意識到孤立帶來的負面影響，於是試著與沙烏地阿拉伯維持正常關係。

2003年伊拉克戰爭後，美國剷除海珊，伊拉克的什葉派趁機翻身掌權，伊朗趁機擴大其影響力。波斯灣國家看在眼裡，一邊擔心伊朗核武計畫的發展，一邊擔心這個地區又將發生新的戰爭（針對伊朗的核武），讓局勢變得更加動盪不安（雖然的確有人希望如此）。

2011年開始，伊朗與關係密切的黎巴嫩真主黨一同支持敘利亞的阿薩德政權，對抗叛亂分子。這使得沙烏地阿拉伯很擔心會出現一個與它敵對的什葉派聯盟。歐巴馬與伊朗的和解政策也讓沙國感到不安，深怕自己會被保護者「拋棄」——顯然美國已不再完全依賴它的石油。什葉派與遜尼派分裂，這種情況在穆斯林世界愈來愈嚴重。伊朗試圖讓自己成為以色列與美國最尖銳的批評者，以提升自己在阿拉伯輿論中的知名度。

沙國擔心伊朗的核武發展，又害怕2015年的核武協議會取消國際對伊朗的制裁，恢復伊朗的國力。正因如此，沙國以共抗威脅為名，與以色列搭起友誼的橋梁。川普則藉著販售軍火，加強與沙國的戰略合作。沙烏地的年輕王儲穆罕默德·本·薩爾曼（Mohammed bin Salman）對伊朗的態度則更強硬。

接下來可能的發展

1 沙烏地阿拉伯推動以色列和美國發起軍事干涉，讓伊朗改朝換代。這樣的行為終將導致混亂，伊拉克（2003年）與利比亞（2011年）就是前車之鑑。

2 以色列與沙烏地阿拉伯繼續執行外交上的和睦政策，以及戰略防堵與經濟制裁，狠狠削弱伊朗國力。

3 羅哈尼對西方的和睦政策失敗，被主張恢復核武計畫的鷹派取代，導致伊朗國內政權演變成兩派對抗。

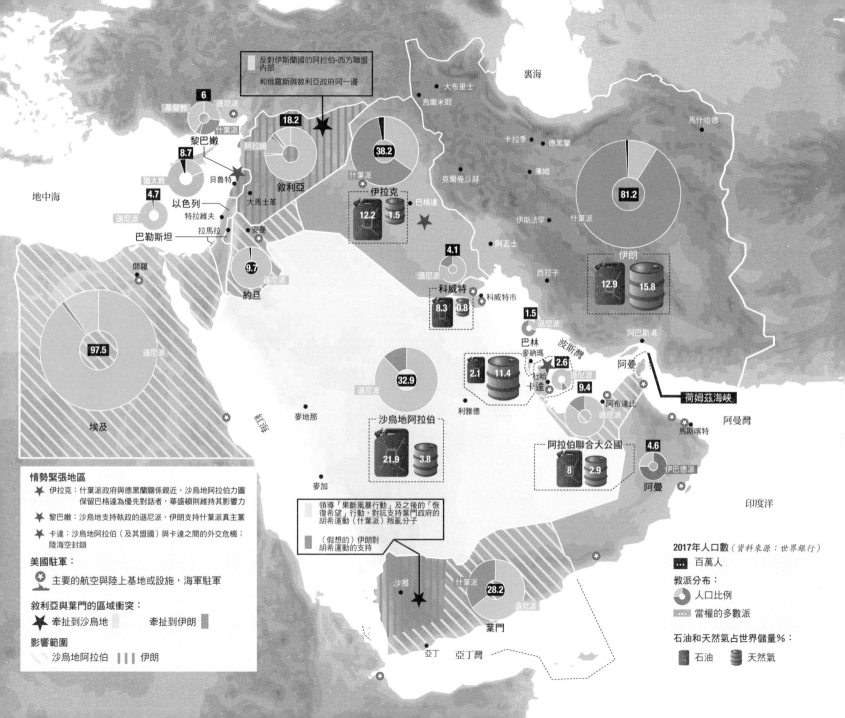

利比亞

利比亞先是被義大利殖民，後又被法國與英國占領。二戰結束後，1951年，利比亞聯合王國在英法同意下宣布獨立，由國王伊德里斯一世（Idris of Libya）領導，建立聯邦君主制度，並且統一了的黎波里塔尼亞（Tripolitania）、昔蘭尼加（Cyrenaica）和費贊（Fezzan）地區。

1956年，利比亞境內發現了石油，才讓這個極其貧窮的國家得以發展起來。1969年，格達費（Muammar Gaddafi）帶領軍隊推翻了國王，成為國家最高領導人。他認為原本的國王沒有善用石油讓國家致富，而且對外國勢力過於順從。他推崇社會主義、泛阿拉伯主義與泛非洲主義，他的言論徹徹底底反西方，同時資助武裝運動與反西方的恐怖主義。他反覆無常又愛挑釁的性格，成為他日後泛阿拉伯計畫及泛非洲計畫的絆腳石。

1986年因發起炸彈攻擊而遭到美軍轟炸，1992年因與恐怖主義有所牽連而遭聯合國禁運（於2003年解除），2003年因美國攻擊伊拉克而擔心受到牽連，加上聖戰組織開始在利比亞境內活動而感到威脅，種種原因讓格達費轉而採取親西方政策，一邊在反蓋達組織的鬥爭中和美國及其盟友合作，同時維持其殘暴的獨裁政權。

當前危機

緊接著突尼西亞與埃及事件之後，2011年2月，班加西（Benghazi）發生了反政府示威，一位人權鬥士被逮捕，從而引起了騷動。格達費採取全面性的血腥鎮壓。3月17日，在阿拉伯國家聯盟發出呼籲之後，聯合國安理會通過第1973號決議案，除了設置禁飛區，並同意成員國進行武裝干涉，在面對威脅時可「採取一切必要手段來保護市民」。在會議上，俄羅斯、中國、南非、巴西和德國都投下了棄權票。在美國幫助下，英國和法國對利比亞軍隊發動空襲，以阻止其收回班加西及屠殺平民。然而格達費並沒有因此停手。聯合國最初保護平民的使命，被解釋為讓政權更替的正當理由。於是英國與法國幫助叛亂分子取得政權，推翻格達費。2011年10月20日，格達費在被逮捕時遭到暗殺。

舊政府被推翻後，利比亞陷入軍閥割據的局面。面對分離主義、部落自治和武裝派系的抵抗，新政府難以集權中央。而利比亞的不穩定讓整個薩赫爾地區（尤其是馬利）已經脆弱的情勢更加惡化。

伊斯蘭國勢力滲透的地區紛紛陷入混亂。兩個政府——一個在的黎波里，一個在托卜魯克（Tobruk）——互相對峙，法國、義大利與聯合國的介入都沒能成功讓兩方和解。與蓋達組織或伊斯蘭國有關的民兵團體不斷成立，販賣人口，虐待或奴役來自南撒哈拉的非洲移民。

2019年初，哈夫塔（Khalifa Haftar）將軍在沙烏地阿拉伯、阿拉伯聯合大公國與埃及的支持下，於4月對的黎波里發動一系列攻勢，局勢持續混亂。

接下來可能的發展

1 兩個政府之間達成協議，或其中一個在戰爭中贏得勝利，成功建立政權。無盡的石油資源讓終於穩定下來的利比亞得以開始發展。

2 生產石油的地區試圖自治獨立，這樣就不需要再把賣石油的錢分給中央。地方與中央的衝突導致內戰再起，讓伊斯蘭國在利比亞落地生根。

3 中央沒有分裂，卻也無法建立強而有力的權威，尤其無法控制南部地區。武裝派系仍舊針鋒相對，動亂依舊存在。

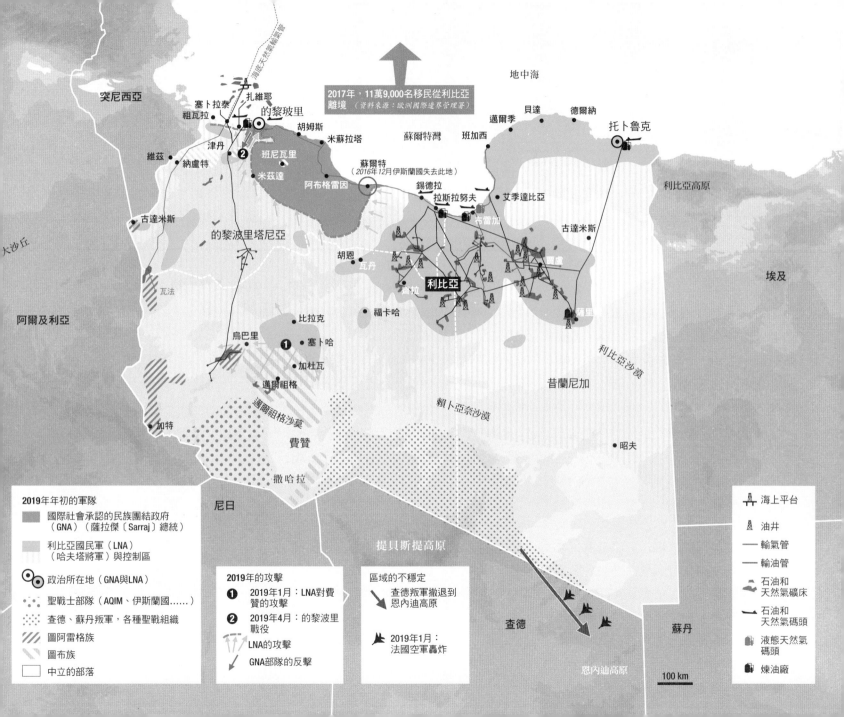

突尼西亞

地中海

2017年，11萬9,000名移民從利比亞離境
（資料來源：歐洲國際邊界管理署）

塞卜拉泰
祖瓦拉
扎維耶
的黎玻里
胡姆斯
米蘇拉塔
蘇爾特灣
貝達
邁爾季
德爾納
托卜魯克

維茲
津丹
②
班尼瓦里
米茲達
班加西
利比亞高原

納盧特
阿布格雷因
蘇爾特
（2016年12月伊斯蘭國失去此地）
錫德拉
拉斯拉努夫
艾季達比亞

古達米斯
的黎波里塔尼亞
布雷加
古達米斯

大沙丘

胡恩
瓦丹
賈盧
埃及

阿爾及利亞
瓦法
宰拉
利比亞
福卡哈
薩里
利比亞沙漠

比拉克
烏巴里
塞卜哈
加杜瓦
邁爾祖格
昔蘭尼加

邁爾祖格沙莫
賴卜亞奈沙漠

加特
費贊

撒哈拉
昭夫

尼日
提貝斯提高原

查德

恩內迪高原

蘇丹

伊拉克

1980年代初期，伊拉克具備足以成為阿拉伯世界最大國家的一切條件。除了石油收入，還有肥沃的農地、水資源和受過良好教育的人民。伊拉克為政教分離的國家，和蘇聯關係密切，反對保守與親美的阿拉伯政權，也反對伊斯蘭主義。

1980年，薩達姆·海珊妄想取得阿拉伯世界的領導權，出兵攻打伊朗，並嚴厲指控以色列、美國以及與它們結成聯盟的多個阿拉伯國家（沙烏地阿拉伯、埃及等）。兩伊戰爭打了8年，兩國的領土並沒有改變，但是造成2百萬人喪生，也削弱了海珊的政權。

1990年，海珊入侵科威特，但戈巴契夫領導的蘇聯不打算支持他。在聯合國授權下，一支以美國為首的聯合部隊將伊拉克軍隊趕出科威特。之後，有人發現伊拉克正在祕密發展核武計畫，於是遭到國際制裁，削弱了伊拉克的國家經濟，導致50萬人喪生。伊拉克軍隊撤出庫德斯坦讓該區實現了實質自治。而繼續以鐵腕領導國家的海珊，口頭上仍然不認輸，持續高調反美和反以色列。

當前危機

2003年，小布希以伊拉克擁有大規模毀滅性武器為由，在聯合國未授權，且國際輿論持反對意見的情況下，對伊拉克發動戰爭。許多國家懷疑美國發動這場戰爭的動機，擔心會加深穆斯林與西方世界的鴻溝，讓恐怖主義更加猖獗。伊拉克很快就被摧毀。可以肯定的是，巴格達再也沒有辦法發展大規模毀滅性武器，但當時的海珊則讓大家相信他有這個能力。

美國勝利後，反而陷入伊拉克內戰的漩渦，不僅要應付蓋達組織的崛起，還要面對遜尼派的武裝抗爭。遜尼派占伊拉克人口的相對少數，但是在海珊執政時期，一直都是遜尼派在統治國家，現在他們則擔心會被邊緣化。在國家結構崩潰的情況下，遜尼派與什葉派的暴力衝突變得更加激烈。

歐巴馬自伊拉克撤軍的選舉承諾，在2011年年底實現。伊拉克國家高層的權力重新分配（總統是庫德族人，議會主席是什葉派，國會主席是遜尼派），派系之間的衝突雖有減少，但仍持續存在。

面對什葉派政權的歧視與鎮壓，遜尼派選擇歸附伊斯蘭國。2018年，伊拉克終於收復其國家領土的完整主權。什葉派（占人口63％）與遜尼派（占人口20％）的分裂繼續存在，庫德族則享有實質上的自治，但沒有得到夢寐以求的獨立。在外交上則受到美國與伊朗兩大勢力影響，左右為難。

接下來可能的發展

1 伊拉克分裂成三個國家，分別屬於庫德族、什葉派和遜尼派，然而後者沒有石油資源。

2 於2005年實施的聯邦結構成為永久制，而組成該結構的實體擁有某種自主權。石油資源平均分配，創造一種可接受的平衡。

3 伊朗的軍事干涉或迫使其政權更迭的行動對伊拉克造成災難性的後果，使國家陷入混亂與種族衝突。

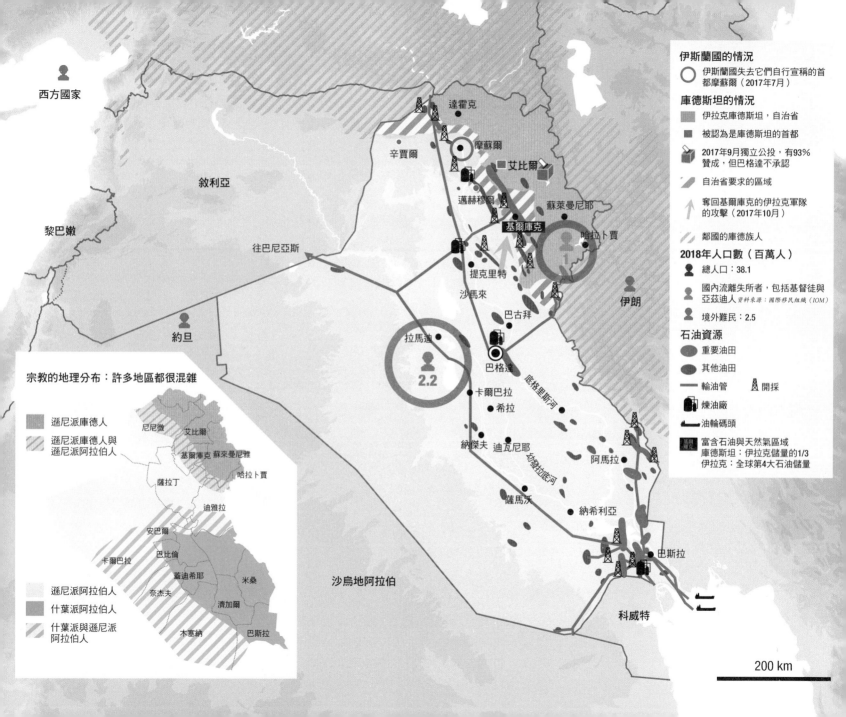

西方國家

敘利亞

黎巴嫩

約旦

沙烏地阿拉伯

科威特

伊朗

達霍克

辛賈爾

摩蘇爾

艾比爾

邁赫穆爾

蘇萊曼尼耶

基爾庫克

哈拉卜賈

往巴尼亞斯

提克里特

沙馬來

巴古拜

拉馬迪

巴格達

卡爾巴拉

希拉

納傑夫

迪瓦尼耶

薩馬沃

納希利亞

阿馬拉

巴斯拉

底格里斯河

幼發拉底河

伊斯蘭國的情況
⭕ 伊斯蘭國失去它們自行宣稱的首都摩蘇爾（2017年7月）

庫德斯坦的情況
■ 伊拉克庫德斯坦，自治省
■ 被認為是庫德斯坦的首都
🗳 2017年9月獨立公投，有93%贊成，但巴格達不承認
▨ 自治省要求的區域
↑ 奪回基爾庫克的伊拉克軍隊的攻擊（2017年10月）
▨ 鄰國的庫德族人

2018年人口數（百萬人）
👤 總人口：38.1
👤 國內流離失所者，包括基督徒與亞茲迪人 資料來源：國際移民組織（IOM）
👤 境外難民：2.5

石油資源
⬤ 重要油田
⬤ 其他油田
— 輸油管　⛏ 開採
🏭 煉油廠
⚓ 油輪碼頭
▨ 富含石油與天然氣區域
庫德斯坦：伊拉克儲量的1/3
伊拉克：全球第4大石油儲量

宗教的地理分布：許多地區都很混雜

■ 遜尼派庫德人
▨ 遜尼派庫德人與遜尼派阿拉伯人

尼尼微
艾比爾
基爾庫克　蘇萊曼尼雅
薩拉丁　哈拉卜賈
迪雅拉
安巴爾
卡爾巴拉
巴比倫
蓋迪希耶
奈杰夫
米桑
濟加爾
木塞納
巴斯拉

□ 遜尼派阿拉伯人
■ 什葉派阿拉伯人
▨ 什葉派與遜尼派阿拉伯人

200 km

葉門

葉門是一個人口相對稠密（2,700萬居民），但非常貧窮的阿拉伯國家。與其接壤的沙烏地阿拉伯一直想掌控它，或至少間接控制它。

1970年代，國家分裂成親蘇聯的南葉門（首都為亞丁〔Aden〕），與親西方並且受到沙烏地阿拉伯支持的北葉門（首都為沙那〔Sanaa〕）。在1990年統一後，葉門在外交上選擇支持不久前才併吞科威特的伊拉克，因而遭到美國與沙烏地阿拉伯的制裁，後者更將數百萬葉門工人驅逐出境。

2004年，占葉門人口30％至40％的宰德派（Zaidiyyah，什葉派分支）覺得受到歧視，於是在海·胡希（Hussein al-Houthi）的領導下發起武裝叛亂。蓋達組織更是利用葉門的贏弱，在此建立基地。美軍則定期發動襲擊。

2011年，受「阿拉伯之春」革命浪潮影響，執政長達33年的總統沙雷（Ali Abdullah Saleh），因腐敗與毫無作為而大受抨擊，被迫在2012年2月辭職。海灣阿拉伯國家合作委員會（Gulf Cooperation Council, GCC）提出協議，建立聯合政府，遭到武裝組織「胡希運動（Houthi movement）」反對。2014年9月，胡希運動占領沙那，並且兵臨亞丁城。他們與效忠沙雷的部隊聯合起來；沙雷還想利用這次機會重新掌權。

當前危機

2015年3月，沙烏地阿拉伯——在九個阿拉伯國家的幫助及西方國家的支持下——發起「果斷風暴行動（Operation Decisive Storm）」，對胡希運動支持者進行空襲。這項行動標榜的目標是幫助葉門政府打擊伊朗支持的什葉派叛亂分子。雖然伊朗遭到指控，但叛亂並不是它造成的。沙烏地阿拉伯會有這樣的反應，是因為擔心伊朗核武計畫協議通過（2015年7月14日確認）之後，情勢會逆轉成對伊朗有利，讓它成為地區強權，反而對沙國不利。畢竟美國身為埃及長期的盟友，卻拋棄其總統胡斯尼·穆巴拉克（Hosni Mubarak），讓沙烏地阿拉伯深深擔心自己也會被拋棄。此外，頁岩氣（天然氣）的發現，也讓美國不再那麼依賴沙國的黑色黃金。

此次行動造成近5萬人喪生，17萬人流亡，國內250萬人失去住所。然而連年的內戰讓葉門的百姓已經快要撐不下去，根據聯合國的說法，這是當今世界最嚴重的人道危機——1,800萬人需要糧食援助，120萬人感染霍亂。而蓋達組織則利用時機展開更多恐怖行動（襲擊什葉派，綁架外國人），伊斯蘭國趁亂興起，尤其在葉門南部逐漸壯大。

當西方媒體開始報導這片土地上的衝突，使得西方國家更難對沙烏地阿拉伯的所作所為保持沉默。諷刺的是，讓大家注意到沙國在葉門行動的竟是發生在土耳其的一起利雅德當局暗殺知名反對派人士的案件。沙國對葉門的轟炸儘管密集，也沒能讓它們取得軍事勝利——有人形容這是「沙烏地阿拉伯的越戰」。雙方於2018年12月展開談判。

接下來可能的發展

1 西方國家的壓力，迫使沙烏地阿拉伯及其盟友終於結束在葉門的失敗軍事行動。

2 沙烏地阿拉伯對西方國家的批評充耳不聞，因為它知道自己對西方國家來說是不可或缺的。衝突依舊持續，只是戰火可能會小一些。

3 經過一段難得的平靜之後，葉門國內又掀起政治角力。只要一直沒人能控制國家大權，蓋達組織的活動仍舊受到限制，那麼外國勢力就不會多管閒事了。

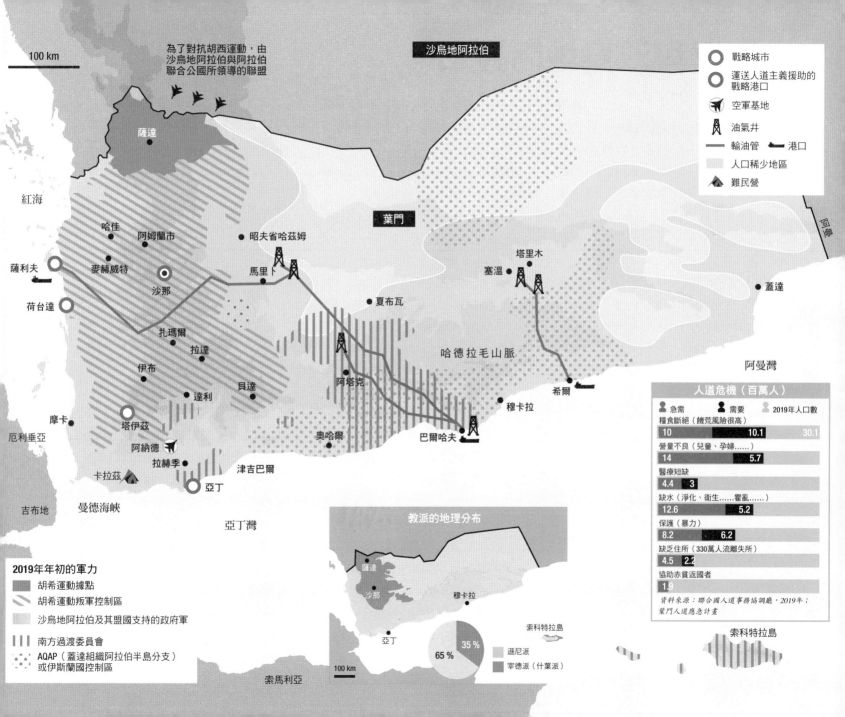

100 km

為了對抗胡西運動，由
沙烏地阿拉伯與阿拉伯
聯合公國所領導的聯盟

沙烏地阿拉伯

戰略城市
運送人道主義援助的
戰略港口
空軍基地
油氣井
輸油管　　港口
人口稀少地區
難民營

紅海

葉門

阿曼灣

薩達

哈佳
阿姆蘭市
麥赫威特
沙那
薩利夫
荷台達
扎瑪爾
拉達
伊布
達利
貝達
摩卡
塔伊茲
阿納德
卡拉茲
拉赫季
亞丁
昭夫省哈茲姆
馬里卜
夏布瓦
阿塔克
奧哈爾
巴爾哈夫
津吉巴爾
塔里木
塞溫
蓋達
哈德拉毛山脈
希爾
穆卡拉

厄利垂亞
吉布地
曼德海峽
亞丁灣
索馬利亞

人道危機（百萬人）

急需　　需要　　2019年人口數

糧食斷絕（饑荒風險很高）
10　　10.1　　30.1

營養不良（兒童、孕婦……）
14　　5.7

醫療短缺
4.4　　3

缺水（淨化、衛生……霍亂……）
12.6　　5.2

保護（暴力）
8.2　　6.2

缺乏住所（330萬人流離失所）
4.5　　2.2

協助赤貧返國者
1.9

資料來源：聯合國人道事務協調廳，2019年；
葉門人道應急計畫

2019年年初的軍力

胡希運動據點
胡希運動叛軍控制區
沙烏地阿拉伯及其盟國支持的政府軍
南方過渡委員會
AQAP（蓋達組織阿拉伯半島分支）
或伊斯蘭國控制區

教派的地理分布

薩達
沙那
亞丁
穆卡拉
索科特拉島

35 %
65 %

遜尼派
宰德派（什葉派）

100 km

索科特拉島

卡達與沙烏地阿拉伯

背景

卡達原本屬於英國的保護國，於1971年獨立。它拒絕加入阿拉伯聯合大公國，同時感受到來自沙烏地阿拉伯的壓力，後者顯然亟欲將權力擴張到卡達半島上。和沙烏地阿拉伯一樣，卡達多數民眾都信仰伊斯蘭遜尼派的分支瓦哈比派。

當伊拉克併吞科威特，使得卡達再度陷入不安。美國動員國際社會，將科威特從被認為反西方的伊拉克解放出來。那麼，倘若它們的盟友沙烏地阿拉伯併吞卡達，美國也會這麼做嗎？

在1995年推翻父親、繼任國王的哈邁德‧本‧哈利法（Hamad Bin Khalifa），希望讓自己的國家在世界上占有一席之地。他與法國結成保安聯盟，將卡達的特種部隊交由其訓練；他成立了半島電視台，終結阿拉伯國家壟斷資訊的情況（所以該電視台也會批評政府），為卡達注入驚人的軟實力；他大力支持運動外交，為自己提升知名度。

20世紀末，由於石油價格大跌，卡達經濟陷入困境。後來又發現豐富的天然氣和能源，為這個人口稀少（260萬人）的國家帶來極為可觀的財政實力。

不同於沙烏地阿拉伯，卡達與鄰居伊朗維持著良好的關係，共享龐大的天然氣田。

2003年，美國在此建立了波斯灣軍事基地，為伊拉克戰爭提供支援。

卡達在海外進行大量投資，為後石油時代做準備。當「阿拉伯之春」在此地掀起革命熱潮，它為起義的人民提供支援（半島電視台扮演了重要角色），尤其是和穆斯林兄弟會（Muslim Brotherhood）關係密切的各種運動，此舉讓沙烏地阿拉伯與阿拉伯聯合大公國既擔心又憤怒。在以色列轟炸加薩走廊後，卡達對哈馬斯的支持引起了以色列的敵意。此外，卡達讓眾人跌破眼鏡，獲得了2022年世界盃足球賽的主辦權，著實引起其他阿拉伯國家的妒意。

當前危機

哈邁德在2013年退位，讓位給兒子塔米姆（Tamin）。塔米姆在安撫鄰居的外交政策上不像其父那般積極。沙國王儲穆罕默德‧本‧薩爾曼在取得政權後，則是想透過武力逼迫卡達屈服。

對於伊朗無法擺脫的恐懼、自認為擁有川普無條件的支持，以及與以色列的和解，給了薩爾曼一種無所不能的感覺。

由於卡達和伊朗及穆斯林兄弟會關係密切，沙烏地阿拉伯因此指控卡達支持恐怖主義，與其斷絕外交關係（埃及、阿拉伯聯合大公國和巴林也都與卡達斷交）。這些國家對卡達實施封鎖，想讓它屈服，關閉半島電視台，取消2022年的世足賽主辦。但土耳其和摩洛哥都支持卡達，伊朗則趁此危機與卡達走得更近。與沙國和卡達都維持良好關係的西方國家與俄羅斯，則呼籲雙方克制。

就算封鎖對卡達的經濟造成了一些影響，但實際上並沒有改變什麼，因為這個酋長國真的非常有錢。

接下來可能的發展

1 維持現狀。沙烏地阿拉伯與阿拉伯聯合大公國持續進行封鎖，給卡達帶來小小的阻礙。卡達繼續維持與土耳其和伊朗的和睦關係，讓此區的情勢維持著些微的緊張感。

2 薩爾曼決定侵略卡達，以武力解決問題，若此將引發嚴重後果。美國無法再繼續支持沙烏地阿拉伯，伊朗則坐收漁翁之利。

3 沙烏地阿拉伯發現自己戰略失敗，開始尋求與卡達和解。在這樣的情況下，半島電視台只能被迫採取低調。

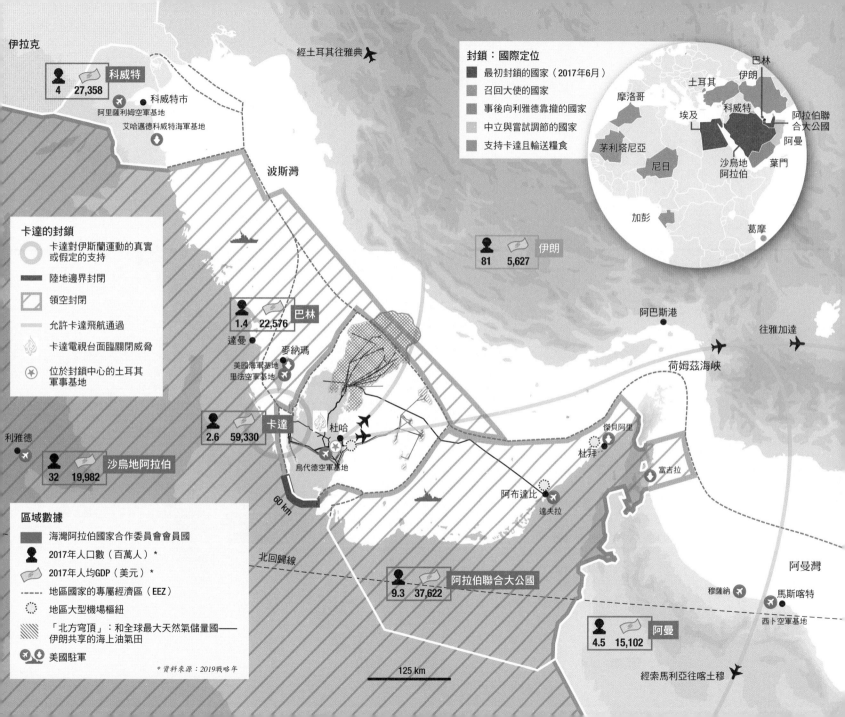

伊拉克

經土耳其往雅典 ✈

封鎖：國際定位
- 最初封鎖的國家（2017年6月）
- 召回大使的國家
- 事後向利雅德靠攏的國家
- 中立與嘗試調節的國家
- 支持卡達且輸送糧食

科威特
4　27,358

科威特市
阿里薩利姆空軍基地
艾哈邁德科威特海軍基地

波斯灣

巴林
伊朗
土耳其
摩洛哥
埃及　科威特
阿拉伯聯合大公國
茅利塔尼亞
阿曼
尼日
沙烏地阿拉伯
葉門
加彭
葛摩

伊朗
81　5,627

卡達的封鎖
- ⭕ 卡達對伊斯蘭運動的真實或假定的支持
- ▬ 陸地邊界封閉
- ▨ 領空封閉
- ― 允許卡達飛航通過
- 🚢 卡達電視台面臨關閉威脅
- ✱ 位於封鎖中心的土耳其軍事基地

巴林
1.4　22,576

達曼
麥納瑪
美國海軍基地
里法空軍基地

阿巴斯港

往雅加達

荷姆茲海峽

利雅德

沙烏地阿拉伯
32　19,982

卡達
2.6　59,330

杜哈
烏代德空軍基地

傑貝阿里
杜拜

富吉拉

阿布達比
達夫拉

區域數據
- 海灣阿拉伯國家合作委員會會員國
- 👤 2017年人口數（百萬人）*
- 💵 2017年人均GDP（美元）*
- ---- 地區國家的專屬經濟區（EEZ）
- ⬡ 地區大型機場樞紐
- ▨ 「北方穹頂」：和全球最大天然氣儲量國——伊朗共享的海上油氣田
- ✈ 美國駐軍

60 km

北回歸線

阿曼灣

阿拉伯聯合大公國
9.3　37,622

穆薩納
馬斯喀特

西卜空軍基地

阿曼
4.5　15,102

＊ 資料來源：2019戰略年

125 km

經索馬利亞往喀土穆 ✈

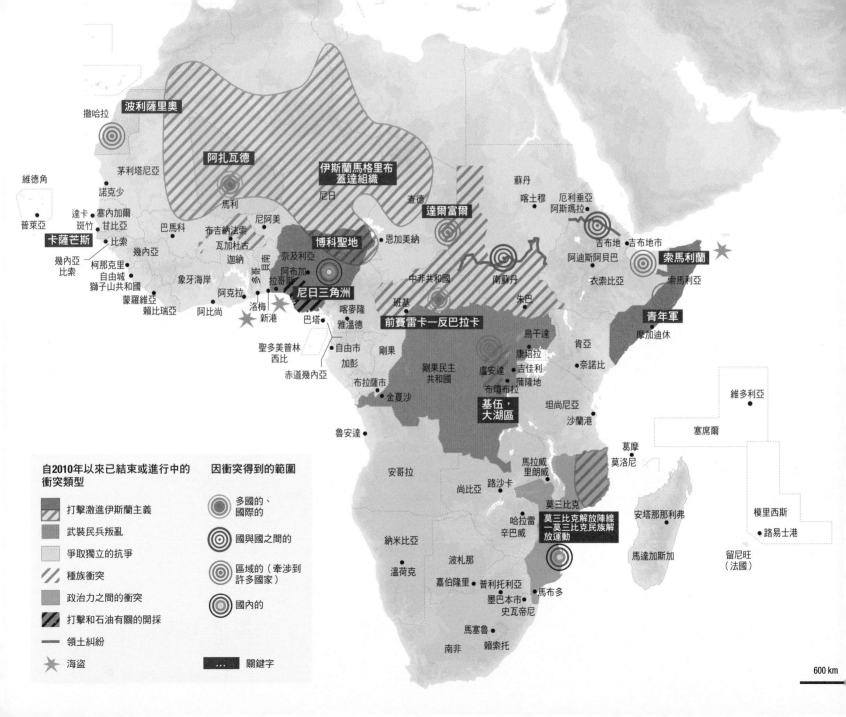

危機與衝突的非洲

撒哈拉

1884年，西班牙在撒哈拉沙漠西部建立了殖民地。摩洛哥自1956年脫離法國獨立後，宣稱西撒哈拉這塊土地與其有歷史上的淵源，並以此為由要求領土主權。茅利塔尼亞也以地理、種族與文化延續性的名義，認為西撒哈拉應該屬於它們的。阿爾及利亞不想讓摩洛哥控制這塊區域，因此也來參一腳。

自1963年起，西撒哈拉就被列入聯合國非自治領土。1973年，撒哈拉人組成了波利薩里奧陣線（Polisario Front），爭取西撒哈拉的獨立。1975年，西班牙獨裁者佛朗哥（Francisco Franco）去世之後，西班牙決定撤出西撒哈拉。理論上，這塊土地將由西班牙、摩洛哥與茅利塔尼亞所組成的三方政府共同管理。然而在1975年11月，摩洛哥國王展開「綠色進軍（Green March）」，發動35萬摩洛哥人和平占領該土地。波利薩里奧陣線出面抨擊此一行動，並於1976年2月宣布成立撒拉威阿拉伯民主共和國（Sahrawi Arab Democratic Republic, SADR）。該國家尚未被聯合國承認，但目前有39個聯合國成員承認其主權（2020年12月，其中沒有西方先進國家），並且於1982年加入非洲統一組織（Organization of African Unity, OUA）──摩洛哥因此退出該組織。波利薩里奧陣線在阿爾及利亞的幫助下，向摩洛哥發動游擊戰，導致兩國之間的邊界關閉。1991年，在聯合國調停下，兩方同意停火，並且發起一項公民投票，來決定西撒哈拉的未來。但問題是，哪些人有資格參加公投？自綠色進軍以來定居在西撒哈拉的摩洛哥人能夠投票嗎？由於選民資格的爭議，公投至今尚未舉行。波利薩里奧陣線也拒絕了成為摩洛哥王國從屬自治區的建議。

當前危機

1991年宣布停火後，摩洛哥提出了「西撒哈拉自治計畫」。美國與法國都支持摩洛哥的立場。

摩洛哥打著經濟發展的牌，在這塊地區大量投資。2017年，它重新加入非洲聯盟（African Union，前身為「非洲統一組織」），向非洲大陸開展積極外交。2018年，聯合國召集摩洛哥、阿爾及利亞、茅利塔尼亞與波利薩里奧，重啟談判進程。

接下來可能的發展

1 維持現狀：摩洛哥維持其在當地的實質主權，阿爾及利亞與波利薩里奧陣線繼續與之爭執。這樣的對抗阻礙了摩洛哥和阿爾及利亞之間合作的可能性，也讓阿拉伯馬格里布聯盟（Arab Maghreb Union, AMU）一直無法具體落實。

2 摩洛哥甘心讓撒哈拉獨立。這個可能性微乎其微，因為西撒哈拉對摩洛哥來說已經變成一個神聖不可侵犯的問題。

3 摩洛哥國王穆罕默德六世（Mohammed VI）提供了一個真正的自治架構，並且實行經濟與社會發展政策，削弱了撒哈拉人對於獨立的要求。阿爾及利亞新一代的掌權者終於放開波利薩里奧，轉而與摩洛哥重啟合作及區域反恐政策。

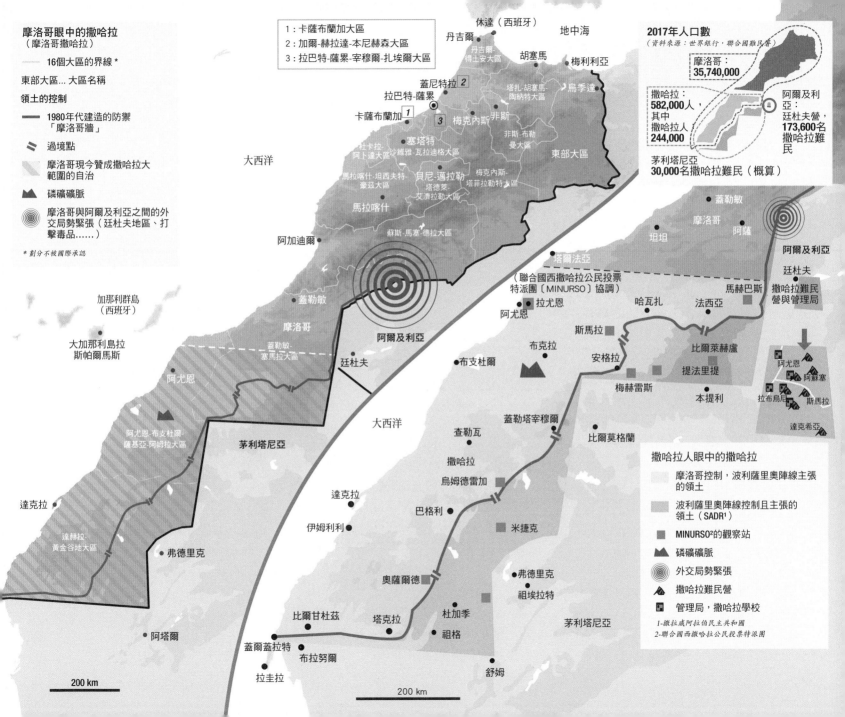

摩洛哥眼中的撒哈拉
（摩洛哥撒哈拉）

——— 16個大區的界線 *

東部大區... 大區名稱

領土的控制

—— 1980年代建造的防禦
「摩洛哥牆」

▨ 過境點

▨ 摩洛哥現今贊成撒哈拉大
範圍的自治

◣ 磷礦礦脈

◎ 摩洛哥與阿爾及利亞之間的外
交局勢緊張（廷杜夫地區、打
擊毒品……）

* 劃分不被國際承認

1：卡薩布蘭加大區
2：加爾-赫拉達-本尼赫森大區
3：拉巴特-薩累-宰穆爾-扎埃爾大區

休達（西班牙）
地中海

丹吉爾
丹吉爾-得土安大區
休塞馬
梅利亞
蓋尼特拉 ②
塔扎-胡塞馬-陶納特大區
拉巴特-薩累
烏季達
卡薩布蘭加 ①
③ 梅克內斯
非斯
塞塔特
杜卡拉-阿卜達大區 沙維雅-瓦拉迪格大區
非斯-布勒曼大區
馬拉喀什-坦西夫特-豪茲大區
貝尼-邁拉勒
塔德萊-艾濟拉勒大區
梅克內斯-塔菲拉勒特大區
東部大區
馬拉喀什
蘇斯-馬塞-德拉大區
阿加迪爾

大西洋

加那利群島
（西班牙）

大加那利島拉
斯帕爾馬斯

蓋勒敏
蓋勒敏-塞馬拉大區

摩洛哥

阿尤恩
阿尤恩-布支杜爾-
薩基亞-阿姆拉大區

廷杜夫
阿爾及利亞

茅利塔尼亞

大西洋

達克拉
達赫拉-黃金谷地大區

弗德里克

阿塔爾

塔爾法亞
（聯合國西撒哈拉公民投票
特派團〔MINURSO〕協調）

拉尤恩
阿尤恩
哈瓦扎
法西亞
馬赫巴斯
斯馬拉
比爾萊赫盧
布克拉
安格拉
提法里提
梅赫雷斯
本提利
蓋勒塔宰穆爾
查勒瓦
比爾莫格蘭
撒哈拉
烏姆德雷加
巴格利
米捷克
伊姆利利
奧薩爾德
弗德里克
祖埃拉特
比爾甘杜茲
杜加季
塔克拉
祖格
蓋爾蓋拉特
布拉努爾
舒姆
拉圭拉

茅利塔尼亞

2017年人口數
（資料來源：世界銀行，聯合國難民署）

摩洛哥：
35,740,000

撒哈拉：
582,000人，
其中
撒哈拉人
244,000

阿爾及利
亞：
廷杜夫營，
173,600名
撒哈拉難民

茅利塔尼亞
30,000名撒哈拉難民（概算）

蓋勒敏
摩洛哥
坦坦
阿薩
阿爾及利亞
廷杜夫
撒哈拉難民
營與管理局
阿尤恩
阿蘇塞
拉布烏尼
斯馬拉
達克希亞

撒哈拉人眼中的撒哈拉

▨ 摩洛哥控制，波利薩里奧陣線主張
的領土

▨ 波利薩里奧陣線控制且主張的
領土（SADR[1]）

■ MINURSO[2]的觀察站

◣ 磷礦礦脈

◎ 外交局勢緊張

▲ 撒哈拉難民營

▨ 管理局，撒哈拉學校

1-撒拉威阿拉伯民主共和國
2-聯合國西撒哈拉公民投票特派團

200 km
200 km

馬利與薩赫爾

自1891年以來成為法國殖民地的法屬蘇丹，在1960年以馬利共和國（Republic of Mali）之名獨立。然而接連數年的乾旱讓人民陷入極度貧窮。生活在北邊的圖阿雷格族（Tuareg）自認獨立以來就被國家忽視，曾經發起兩次叛亂。

1991年，阿馬杜・圖馬尼・杜爾（Amadou Toumani Touré）發動軍事政變取得政權，實施多黨制，並籌劃好1992年的大選後將權力移交給第一屆民選總統。他在2002年當選總統，於2007年再次當選連任。

馬利展現出良好的民主治理形象，這在當時的非洲十分罕見。但是貪汙和南北發展的失衡，以及經濟與農業的困境，漸漸拖垮了國家。

當前危機

2011年10月，主張北馬利自決的圖阿雷格族叛亂分子發起阿扎瓦德民族解放運動（National Movement for the Liberation of Azawad, MNLA），並且和伊斯蘭馬格里布蓋達組織（Al Qaeda in the Islamic Maghreb, AQIM）所支持的極端伊斯蘭組織「信仰衛士（Ansar Dine）」結盟。

外國僱傭兵進入馬利之後，暴動變得更加猖獗（這些僱傭兵曾受僱於利比亞的格達費）。2012年3月22日，軍人以圖阿雷格族叛亂為由罷免總統杜爾。然而北馬利的城市還是相繼落入伊斯蘭組織之手。4月6日，MNLA宣布阿扎瓦德（Azawad）獨立，西非團結和聖戰運動組織（Movement for Oneness and Jihad in West Africa, MUJAO）隨即加入。它們依照伊斯蘭教法，施行嚴厲鎮壓的極端政權。

同年10月12日，在馬利巴馬科（Bamako）當局提議下，聯合國安理會成立了一支國際部隊——聯合國馬利多層面綜合穩定特派團（United Nations Multidimensional Integrated Stabilization Mission in Mali, MINUSMA），協助恢復馬利北方領土的主權。2013年1月，伊斯蘭團體對馬利南部發動襲擊，威脅要拿下首都巴馬科。是時非洲當地的部隊尚未準備好，於是法國經安理會同意後，與查德一起執行軍事干涉「藪貓行動（Operation Serval）」，協助馬利政府收復國家北部地區。

2013年8月11日，易卜拉欣・布巴卡爾・凱塔（Ibrahim Boubacar Keïta）以77.6％的高得票率當選總統，2018年以67％的得票率再次當選。2014年2月，馬利、尼日、布吉納法索、茅利塔尼亞與查德成立了G5薩赫爾國家組織（G5 Sahel），共同解決反恐事務。它們預備組織一支5千人的非洲部隊，但缺乏資金與訓練。2014年7月，由法國發起巴爾赫內行動（Operation Barkhane），領導G5打擊薩赫爾地區的恐怖主義。

2015年6月，馬利政府和分離組織簽訂了阿爾及爾和平協定（Algiers Accord），但還是會不時發生一些零星的衝突。

接下來可能的發展

1 非洲維和部隊終於扮演好穩定局勢的角色。經過合法選舉的政府推出與北部和解和發展的政策，讓和平協定真正獲得尊重。

2 在種族衝突的背景下，一些走私犯及（或）恐怖分子繼續在國家北部製造不安，讓巴馬科一直處在威脅之下，也因此必須讓法國長期駐軍。

3 「薩赫爾斯坦國（Sahelistan）」：恐怖分子的反叛運動在撒哈拉與薩赫爾擴散愈來愈大，導致馬利之外的國家也受到威脅。

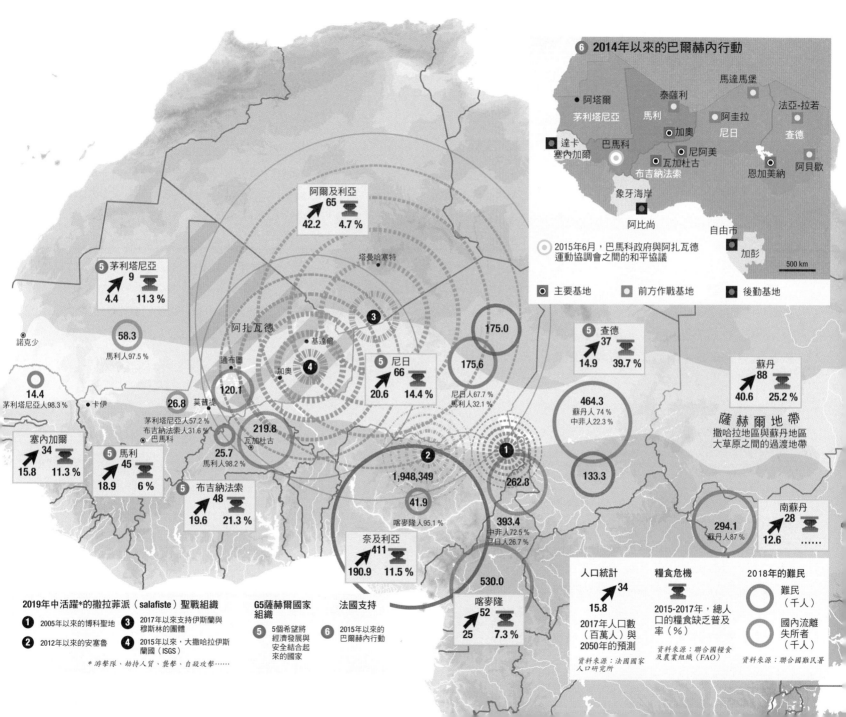

⑥ 2014年以來的巴爾赫內行動

- 阿塔爾
- 茅利塔尼亞
- 達卡／塞內加爾
- 馬達馬堡
- 泰薩利
- 馬利
- 巴馬科
- 加奧
- 阿圭拉
- 尼日
- 尼阿美
- 瓦加杜古／布吉納法索
- 法亞-拉若
- 查德
- 恩加美納
- 阿貝歇
- 象牙海岸
- 阿比尚
- 自由市
- 加彭

⊙ 2015年6月，巴馬科政府與阿扎瓦德運動協調會之間的和平協議

500 km

◉ 主要基地　　◉ 前方作戰基地　　■ 後勤基地

阿爾及利亞
65　42.2　4.7 %

⑤ 茅利塔尼亞
9　4.4　11.3 %

⑤ 查德
37　14.9　39.7 %

蘇丹
88　40.6　25.2 %

58.3　馬利人97.5 %

14.4　茅利塔尼亞人98.3 %

諾克少

塔曼哈塞特

阿扎瓦德

基達爾

⑤ 尼日
66　20.6　14.4 %

175.0

175.6
尼日人67.7 %
馬利人32.1 %

464.3
蘇丹人 74 %
中非人22.3 %

薩赫爾地帶
撒哈拉地區與蘇丹地區
大草原之間的過渡地帶

通布圖

加奧

120.1

26.8
茅利塔尼亞人57.2 %
布吉納法索人31.6 %
◉ 巴馬科

219.8
瓦加杜古

25.7
馬利人98.2 %

卡伊

133.3

塞內加爾
34　15.8　11.3 %

⑤ 馬利
45　18.9　6 %

⑤ 布吉納法索
48　19.6　21.3 %

262.8

南蘇丹
28　12.6　……

294.1
蘇丹人 87 %

41.9
喀麥隆人95.1 %

②
1,948,349

①

393.4
中非人72.5 %
尼日人 26.7 %

奈及利亞
411　190.9　11.5 %

530.0

喀麥隆
52　25　7.3 %

2019年中活躍*的撒拉菲派（salafiste）聖戰組織
❶ 2005年以來的博科聖地
❷ 2012年以來的安塞魯
❸ 2017年以來支持伊斯蘭與穆斯林的團體
❹ 2015年以來，大撒哈拉伊斯蘭國（ISGS）

* 游擊隊、劫持人質、襲擊、自殺攻擊……

G5薩赫爾國家組織
❺ 5個希望將經濟發展與安全結合起來的國家

法國支持
❻ 2015年以來的巴爾赫內行動

人口統計
34　15.8
2017年人口數（百萬人）與2050年的預測
資料來源：法國國家人口研究所

糧食危機
2015-2017年，總人口的糧食缺乏普及率（%）
資料來源：聯合國糧食及農業組織（FAO）

2018年的難民
○ 難民（千人）
○ 國內流離失所者（千人）
資料來源：聯合國難民署

奈及利亞

英國的前殖民地奈及利亞，自1960年獨立，是非洲人口最多的國家（1億8,600萬），石油資源非常豐富。

1967年，國內的伊博族（Igbo）基督徒自覺受到拉哥斯（Lagos）當權穆斯林的歧視，且因為其居住地區擁有國家大部分的石油儲備，因此宣布退出奈及利亞，成立比亞法拉共和國（Republic of Biafra）。奈及利亞軍隊制服了該次叛亂，並且實施經濟封鎖，造成嚴重饑荒。當饑荒景象透過電視傳送到全世界後，引發了近代第一次人道主義動員。此次內戰衝突造成100多萬人喪生，國家也因此引發一連串政變與軍事獨裁，長達30年，直到1999年才成為民主國家。

石油資源帶來的暴利分配和貪腐政權、南北之間的宗教衝突與經濟發展差異，以及持續不斷的恐怖攻擊，在在阻礙了國家的發展。儘管如此，奈及利亞在2000至2010年的平均經濟成長仍舊達到9％，在此後也有達到約5％。如今奈及利亞已超越南非，成為非洲大陸最重要的經濟大國。

當前危機

2002年，穆罕默德·優素福（Mohamed Yusuf）創立博科聖地（Boko Haram），這是一個遵行伊斯蘭原教旨主義的組織。他在2009年被奈及利亞軍隊殺死之後，該組織的行為變得更加激進，在利比亞格達費被推翻及薩赫爾戰爭之後甚至與國外的聖戰組織聯手行動。2011年，信仰基督教的古德勒克·強納森（Goodluck Jonathan）在總統選舉中獲勝。博科聖地隨即發起抗議行動，導致數百人死傷。強納森總統宣布國家進入緊急狀態，並在北部大規模部署軍隊。博科聖地組織在2015年3月宣布效忠伊斯蘭國，並成立「伊斯蘭國西非省」，迄今至少造成3萬人犧牲、2百萬人無家可歸。政府軍隊鎮壓，恐怖組織報復，兩者之間的惡性循環一再上演。

2015年4月，來自北部的穆斯林穆罕默杜·布哈里（Muhammadu Buhari）當選總統，其強力推行的反貪腐政策頗有成效。2019年，儘管經濟成長令人失望，布哈里仍舊再次當選。

此外，在奈及利亞中部地區，富拉尼族（Fula）的穆斯林牧者與比羅姆族（Berom）的基督教農民之間也長期存在宗教衝突。

2016年，新武裝組織「尼日河三角洲復仇者（Niger Delta Avengers, NDA）」崛起。他們到處破壞跨國企業在國家南部投資的油田設施，藉此向政府勒索開採石油的收益。

接下來可能的發展

1 布哈里總統在地區與國際（法國）的共同協助下，成功以火力壓制伊斯蘭國西非省。他一方面打擊貪腐，一方面重新分配國家的石油財富，並與周圍國家結成聯盟，終結各個武裝和激進組織的敲詐勒索，讓奈及利亞在非洲的影響力大增。

2 反貪腐行動陷入困境。石油價格不斷下跌，導致經濟成長減緩。奈及利亞的貪腐、叛變、恐怖主義等問題依舊無法改變。

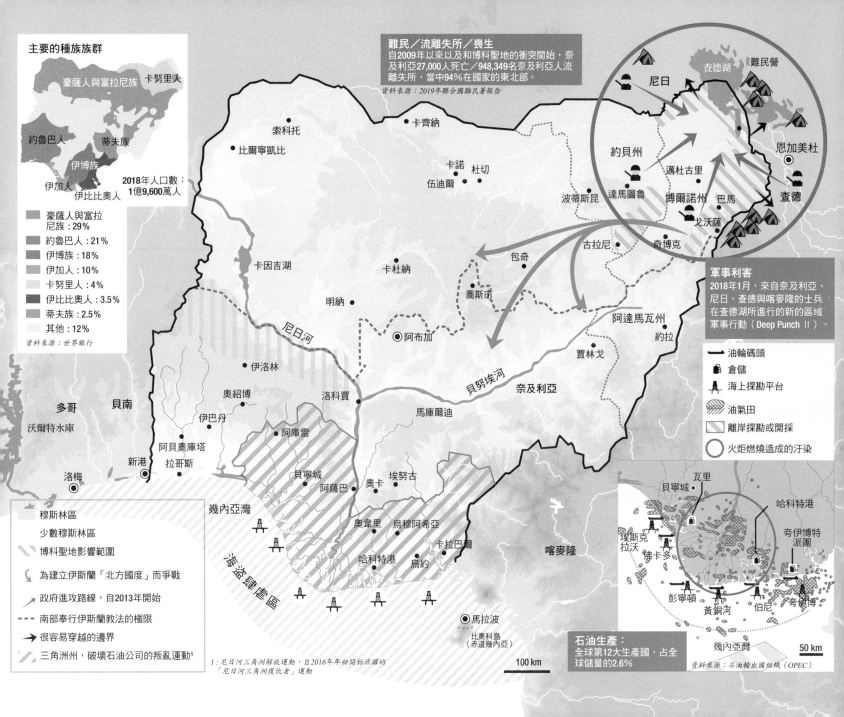

主要的種族族群

豪薩人與富拉尼族
卡努里人

約魯巴人
蒂夫族
伊博族
伊加人
伊比比奧人

2018年人口數：
1億9,600萬人

豪薩人與富拉尼族：29%
約魯巴人：21%
伊博族：18%
伊加人：10%
卡努里人：4%
伊比比奧人：3.5%
蒂夫族：2.5%
其他：12%

資料來源：世界銀行

難民／流離失所／喪生
自2009年以來以及和博科聖地的衝突開始，奈及利亞27,000人死亡／948,349名奈及利亞人流離失所，當中94%在國家的東北部。
資料來源：2019年聯合國難民署報告

軍事利害
2018年1月，來自奈及利亞、尼日、查德與喀麥隆的士兵在查德湖所進行的新的區域軍事行動（Deep Punch II）。

油輪碼頭
倉儲
海上探勘平台
油氣田
離岸探勘或開採
火炬燃燒造成的汙染

石油生產：
全球第12大生產國，占全球儲量的2.6%
資料來源：石油輸出國組織（OPEC）

穆斯林區
少數穆斯林區
博科聖地影響範圍
為建立伊斯蘭「北方國度」而爭戰
政府進攻路線，自2013年開始
南部奉行伊斯蘭教法的極限
很容易穿越的邊界
三角洲州，破壞石油公司的叛亂運動[1]

1：尼日河三角洲解放運動，自2016年年初開始活躍的「尼日河三角洲復仇者」運動

查德湖
尼日
難民營
恩加美杜
約貝州
邁杜古里
查德
波蒂斯昆
達馬圖魯
博爾諾州
巴馬
戈沃薩
古拉尼
奇博克

卡齊納
比爾寧凱比
索科托
卡諾
杜切
伍迪爾
卡因吉湖
卡杜納
包奇
阿達馬瓦州
約拉
明納
喬斯市
阿布加
賈林戈
尼日河
貝努埃河
奈及利亞
馬庫爾迪

多哥
貝南
沃爾特水庫
伊洛林
奧紹博
伊巴丹
阿貝奧庫塔
拉哥斯
新港
洛梅
洛科賈
阿庫雷
貝寧城
阿薩巴
奧卡
埃努古
奧韋里
烏穆阿希亞
哈科特港
烏約
卡拉巴爾
喀麥隆

幾內亞灣
海盜肆虐區

馬拉波
比奧科島
（赤道幾內亞）

100 km

瓦里
貝寧城
哈科特港
埃斯克拉沃
佛卡多
夸伊博特派團
彭寧頓
黃銅河
伯尼
夸伊博

幾內亞灣

50 km

剛果民主共和國

薩伊（剛果民主共和國的舊名）的天然資源非常豐富，儘管如此，其國內生產毛額卻只有500美元，在全球193個國家中排名184，被地質學家稱為「地質醜聞（擁有豐富資源卻反而促成國家腐敗）」。總統蒙博托（Mobutu，任期1965-1997年）在就任的三十二年間，不知侵吞了多少礦業開採的利潤。

1994年，鄰國盧安達發生了種族屠殺，數十萬胡圖族（Hutu）平民，包括曾經參與屠殺的人，因害怕被報復而逃往薩伊避難。盧安達新任總統保羅·卡加米（Paul Kagame）派遣軍隊追至薩伊的難民營，企圖揪出策劃大屠殺的流亡政府，並且協助洛朗德西雷·卡比拉（Laurent-Désiré Kabila）推翻獨裁者蒙博托，恢復國名為「剛果民主共和國」。

在非洲，有十幾個國家，包括盧安達與烏干達，都覬覦著剛果及其東部基伍地區（Kivu）的天然資源。1998至2002年間，剛果再次爆發戰爭。此次戰爭涉及9個非洲國家和20多個武裝勢力，造成400多萬平民死亡，付出了慘痛代價。雖然各國於2002年在南非簽署了和平協議，剛果東部地區仍舊衝突不斷。

當前危機

儘管聯合國在剛果部署了17,000名維和部隊士兵，親盧安達政權的圖西族裔武裝部隊將軍洛朗·恩孔達（Laurent Nkunda）還是在2008年向剛果政府宣戰，搞得基伍地區不得安寧。盧安達總統卡加米和其他貪圖剛果天然資源的國家領袖一樣，自1998年第二次剛果戰爭以來，就不斷為基伍的緊張情勢火上加油，希望戰爭可以幫他從基伍獲得的財富中分一杯羹。但是在2009年1月，被指控該為煽動戰爭負責的卡加米，突然接受與剛果總統約瑟夫·卡比拉（Joseph Kabila）和解。後者在2001年其父遇刺身亡後繼任總統，並且逮捕恩孔達，結束其叛亂。2011年11月，經過一輪極具爭議性的投票後，卡比拉再度當選。2012年，新的武裝組織M23（March 23 Movement）在盧安達的幫助下再次於基伍發起叛亂。2013年2月，聯合國祕書處召集了11個非洲國家，共同簽署一項關於剛果地區的和平、安全與合作協議，加強維和部隊的武力支援，同時呼籲外界停止幫助叛軍。身為叛軍主要領導人之一的博斯科·恩塔甘達（Bosco Ntaganda）將軍被送交國際刑事法院，2015年9月開始接受審判。

2018年，在約瑟夫·卡比拉合法任期結束兩年後，他終於同意舉辦選舉，但這一次他無權參加。這次的選舉過程一樣充滿爭議，最後由前反對派菲利克斯·齊塞克迪（Félix Tshisekedi）獲勝。不顧對手馬丁·法尤魯（Martin Fayulu）的反對，齊塞克迪政權最終還是歸附至卡比拉陣營。

剛果民主共和國境內估計有160萬人無家可歸，尤其是東部地區，至今還有約70個武裝團體持續對峙。

接下來可能的發展

1 無論反對派如何抗議，齊塞克迪繼續掌權。第一次看見政權和平轉移的剛果人雖不滿意，也湊合著接受了。齊塞克迪為了安撫人民，表面上推行一些可以穩定人心的政策，但國家整體仍處於不安的氛圍，經濟也無起色。

2 聯合國與弱化的國際刑事法院再也無法發揮威儡作用，各方人馬欲獨霸資源，衝突再次上演。

3 齊塞克迪擺脫卡比拉，真正開始執政，發展經濟，讓人民過上好日子。

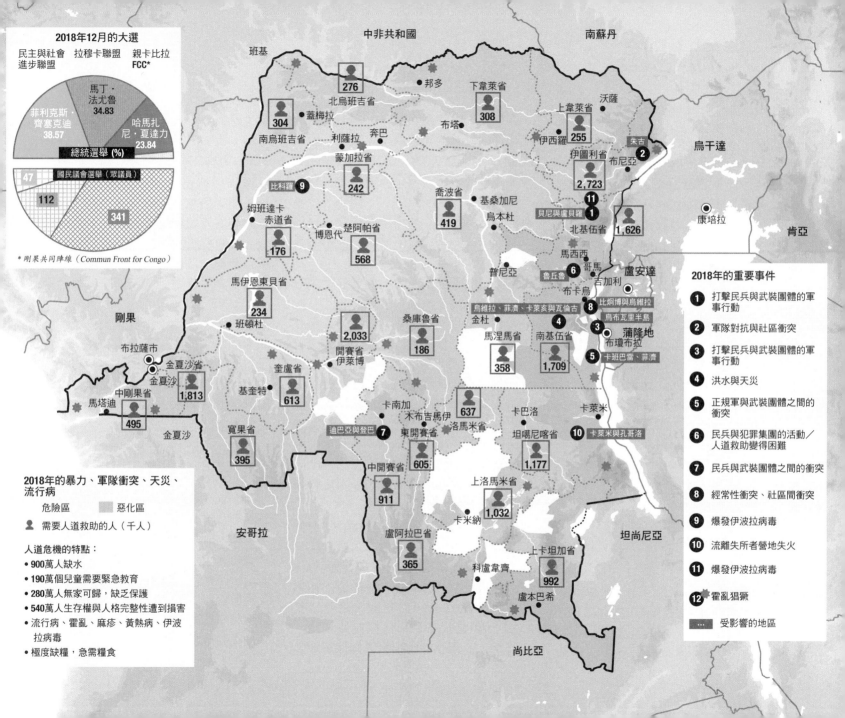

2018年12月的大選

民主與社會　　拉穆卡聯盟　　親卡比拉
進步聯盟　　　　　　　　　FCC*

馬丁‧法尤魯 **34.83**

菲利克斯‧齊塞克迪 **38.57**

哈馬扎尼‧夏達力 **23.84**

總統選舉 **(%)**

國民議會選舉（眾議員）
47　112　341

* 剛果共同陣線（Commun Front for Congo）

2018年的暴力、軍隊衝突、天災、流行病

危險區　　惡化區

👤 需要人道救助的人（千人）

人道危機的特點：
- 900萬人缺水
- 190萬個兒童需要緊急教育
- 280萬人無家可歸，缺乏保護
- 540萬人生存權與人格完整性遭到損害
- 流行病、霍亂、麻疹、黃熱病、伊波拉病毒
- 極度缺糧，急需糧食

2018年的重要事件

1. 打擊民兵與武裝團體的軍事行動
2. 軍隊對抗與社區衝突
3. 打擊民兵與武裝團體的軍事行動
4. 洪水與天災
5. 正規軍與武裝團體之間的衝突
6. 民兵與犯罪集團的活動／人道救助變得困難
7. 民兵與武裝團體之間的衝突
8. 經常性衝突、社區間衝突
9. 爆發伊波拉病毒
10. 流離失所者營地失火
11. 爆發伊波拉病毒
12. 霍亂猖獗

┈┈ 受影響的地區

中非共和國　南蘇丹　烏干達　肯亞　盧安達　蒲隆地　坦尚尼亞　尚比亞　安哥拉　剛果

班基　邦多　沃薩　朱吉　康培拉　吉加利　布瓊布拉　科盧韋齊　盧本巴希　卡米納　卡萊米　卡巴洛　卡南加　木布吉馬伊　基奎特　班頓杜　馬塔迪　布拉薩市　蓋梅拉　利薩拉　奔巴　布塔　基桑加尼　烏本杜　普尼亞　金杜　馬西西　哥馬　布卡烏　布尼亞　伊西羅

北烏班吉省 **276**
南烏班吉省 **304**
蒙加拉省 **242**
下韋萊省 **308**
上韋萊省 **255**
伊圖利省 **2,723**
赤道省 **176**
喬波省 **419**
北基伍省 **1,626**
姆班達卡
楚阿帕省 **568**
博恩代
比科羅 9
魯丘魯 6
比炯博與烏維拉 8
烏布瓦里半島 3
馬伊恩東貝省 **234**
開賽省伊萊博 **2,033**
桑庫魯省 **186**
馬涅馬省 **358**
南基伍省 **1,709**
卡班巴雷、菲濟
烏維拉、菲濟、卡萊亥與瓦倫古
奎盧省 **613**
金夏沙省 **1,813**
金夏沙
中剛果省 **495**
寬果省 **395**
東開賽省 **605**
洛馬米省 **637**
迪巴亞與登巴 7
中開賽省 **911**
坦噶尼喀省 **1,177**
上洛馬米省 **1,032**
卡萊米與孔哥洛 10
盧阿拉巴省 **365**
上卡坦加省 **992**
貝尼與盧貝羅 1
11
2

大湖地區

盧安達烏隆地（Ruanda-Urundi）這個地區，也就是今天的蒲隆地與盧安達，一直到1918年都還是德國的殖民地，第一次世界大戰後由比利時接管。比利時的殖民制度將擁有共同語言與歷史的胡圖族（Hutu）與圖西族（Tutsi）區隔開來，並且加深了兩族之間的對立。源自尼羅河的圖西族是牧民，在社會上較受重視；胡圖族則屬於來自非洲東南邊的班圖人，從事農業耕作。在盧安達王國時期，圖西人居於領導地位；能夠換得牲畜的胡圖族人，則可以提升社會地位。圖西族的人數比胡圖族少很多，比利時殖民者將兩者視為不同的種族，並且特別優待圖西族，讓他們之中優秀的人可以上學，並且為殖民政府執行行政管理工作。圖西族被視為「黑皮膚的歐洲人」，這讓他們對胡圖族產生一種優越感，漸漸導致胡圖族人產生了怨恨與報復的心理。1950年代，受過教育的圖西族發展出反殖民的觀點，而胡圖人大多還是對殖民政府忠心耿耿。

當前危機

盧安達與蒲隆地自1962年獨立以來，種族之間的屠殺一直不斷地發生。獨立之初，盧安達革命導致許多圖西族人逃往烏干達等鄰國避難。1963年，逃亡的圖西族試圖奪回盧安達政權，但失敗了。他們在1990年再次嘗試，卻因法國、比利時與薩伊的介入而停止。在蒲隆地，1965、1969、1972、1988、1991與1993年都發生了種族屠殺事件。以民主方式選出的第一任胡圖族蒲隆地總統在1993年被暗殺。

在保羅·卡加米領導的盧安達愛國陣線（Rwandan Patriotic Front, RPF）於1990年發動攻擊的三年後，兩方人馬在法國的牽線下簽署阿魯沙協議（Arusha Accords），看似暫時解決了胡圖族（占盧安達人口的85％）與圖西族（占盧安達人口的15％）共同居住的問題。但是1994年4月6日，盧安達和蒲隆地總統共同搭乘的專機遭人擊落，該起事件導致盧安達約80萬圖西族與「溫和的胡圖族」被胡圖族滅絕性屠殺，在這之後又有約25萬胡圖族被圖西族屠殺。

大屠殺之後，卡加米帶領的RPF有條不紊地奪回盧安達控制權，自此便統領著這個國家，並於2017年以99％的得票率當選連任。他打擊貪腐，國家經濟強勁成長（2008至2017年間，每年成長7％），但仍以各種方法壓制反對派。2005年，前胡圖族反叛組織民族解放力量（Forces for the Defense of Democracy, FDD）領袖皮埃爾·恩庫倫齊扎（Pierre Nkurunziza）當選蒲隆地總統。

種族與地區的緊張局勢依舊嚴峻。位於剛果民主共和國東部的基伍，成為剛果和盧安達與烏干達之間衝突的導火線。恩庫倫齊扎於2015年第三次當選蒲隆地總統，此舉違反憲法，進而引發了幾場暴動，皆遭到強硬鎮壓。聯合國派出一支3千人的維和部隊，仍無法完全穩定局勢。蒲隆地則指控盧安達企圖染指蒲國內政，造成國家動盪。恩庫倫齊扎宣布放棄2020年的選舉，並於當年6月去世，但國內狀況並沒有因此好轉，政府對反對派的鎮壓手段依舊激烈。有50萬蒲隆地人民逃離自己的國家。

接下來可能的發展

1 盧安達和剛果的關係再度因為基伍而惡化，盧安達和蒲隆地的關係也一樣。地區局勢還是不穩定，尤其是在剛果東部基伍地區，隨時都有可能爆發衝突。

2 國際社會對盧安達與烏干達施加壓力，讓它們對剛果和蒲隆地放手。在美國與歐洲的促成下，剛果、盧安達、蒲隆地和烏干達的關係逐漸改善，同時促進了地區的發展，在尊重剛果對基伍的主權前提下，共同合作開發地下資源。

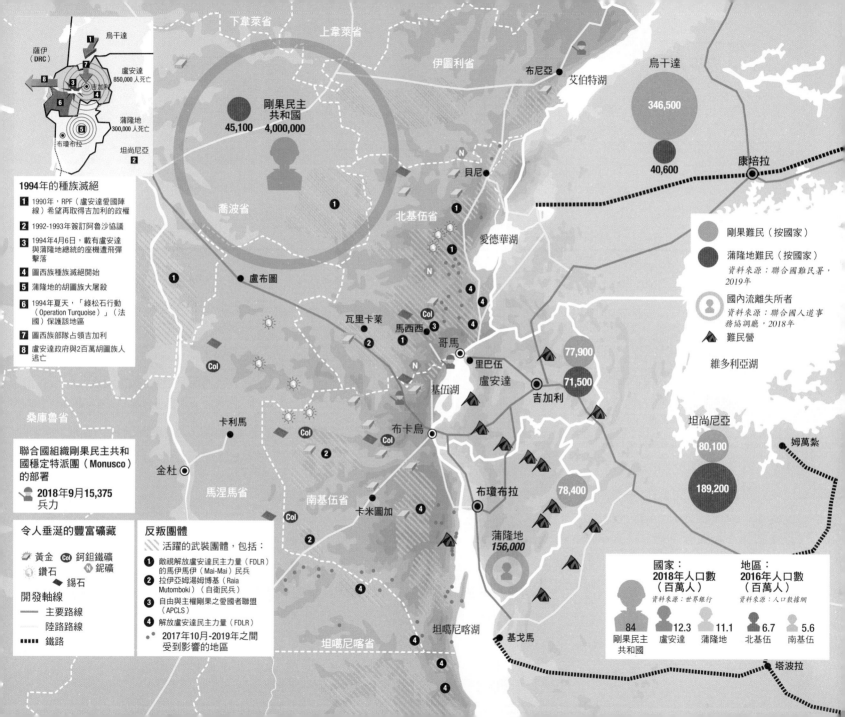

下韋萊省

上韋萊省

伊圖利省

布尼亞 · 艾伯特湖

烏干達

346,500

康培拉

40,600

剛果民主 共和國

45,100 4,000,000

貝尼

喬波省

北基伍省

愛德華湖

N

N

盧布圖

瓦里卡萊 · 馬西西 · **Col**

哥馬

N

里巴伍

盧安達

基伍湖

吉加利

77,900

71,500

金杜

布卡烏 · **Col**

桑庫魯省

Col

Col

卡利馬

維多利亞湖

坦尚尼亞

80,100

姆萬紮

189,200

南基伍省

卡米圖加

馬涅馬省

布瓊布拉

78,400

蒲隆地
156,000

坦噶尼喀湖

坦噶尼喀省

基戈馬

塔波拉

1994年的種族滅絕

① 1990年，RPF（盧安達愛國陣線）希望再取得吉加利的政權
② 1992-1993年簽訂阿魯沙協議
③ 1994年4月6日，載有盧安達與蒲隆地總統的座機遭飛彈擊落
④ 圖西族種族滅絕開始
⑤ 蒲隆地的胡圖族大屠殺
⑥ 1994年夏天，「綠松石行動（Operation Turquoise）」（法國）保護該地區
⑦ 圖西族部隊占領吉加利
⑧ 盧安達政府與2百萬胡圖族人逃亡

聯合國組織剛果民主共和國穩定特派團（Monusco）的部署

🧍 2018年9月15,375 兵力

令人垂涎的豐富礦藏

⚒ 黃金
Col 鈳鉭鐵礦
◎ 鑽石
N 鈮礦
◆ 錫石

開發軸線

— 主要路線
— 陸路路線
···· 鐵路

反叛團體

▨ 活躍的武裝團體，包括：

① 敵視解放盧安達民主力量（FDLR）的馬伊馬伊（Mai-Mai）民兵
② 拉伊亞姆湯姆博基（Raia Mutomboki）（自衛民兵）
③ 自由與主權剛果之愛國者聯盟（APCLS）
④ 解放盧安達民主力量（FDLR）
• 2017年10月-2019年之間受到影響的地區

圖例（右側）：

⬤ 剛果難民（按國家）
⬤ 蒲隆地難民（按國家）
資料來源：聯合國難民署，2019年

🧍 國內流離失所者
資料來源：聯合國人道事務協調廳，2018年

⛺ 難民營

國家： 2018年人口數（百萬人）
資料來源：世界銀行

地區： 2016年人口數（百萬人）
資料來源：人口數據網

84 剛果民主共和國
12.3 盧安達
11.1 蒲隆地
6.7 北基伍
5.6 南基伍

南蘇丹

蘇丹是非洲面積最大的國家，分為以阿拉伯穆斯林為主的北方（國家統治者），以及信仰泛神論與基督教的南方。南方曾爆發兩次內戰（1956至1972年，及1983至2005年），試圖尋求獨立。第二場內戰造成2百萬人喪生，4百萬人流離失所。2005年，政府當局和蘇丹人民解放軍（Sudan People's Liberation Army, SPLA）簽署了一份協議，明定2011年1月將針對南方獨立進行公投。2011年7月9日，獨立贊成票數達98.83％，南蘇丹共和國宣布獨立，同時加入聯合國。美國、以色列、盧安達和衣索比亞等國均表示積極支持，尤其對比蘇丹當局的態度更是明顯。

南蘇丹成為聯合國第193個會員國，非洲聯盟第54個成員國，國內豐富的石油蘊藏量似乎在向國民承諾一個幸福的願景。但因為國家結構不夠完整穩定，以及石油利潤引發的貪腐和對立，導致國家內部不斷產生新的衝突。

當前危機

身為丁卡族（Dinka）的總統薩爾瓦·基爾（Salva Kiir）指控努爾族（Nuer）副總統里克·馬查爾（Riek Machar）策動政變，於是將他罷免。國家再次陷入內戰，無法控制，各項停火協議猶如廢紙。2015年3月，聯合國安理會通過第2206號決議，對阻礙南蘇丹發展者提出個人制裁，但實際上因為缺乏對這些人的掌控而根本無法實行。

蘇丹則指控南蘇丹政府支持其境內的叛亂分子，基爾則指控蘇丹支持他的對手。內亂造成40萬人喪生，450萬人無家可歸，其中一半逃往鄰國。國內經常性地發生性侵與暴力事件，兩方陣營的士兵燒殺擄掠也所在多有。

蘇丹地區的石油資源主要在南方，輸油管卻在北方。當初南蘇丹為了讓蘇丹接受獨立，向它們支付每桶原油25美元的過境費，如今改為每桶14美元。石油價格的暴跌突顯了南蘇丹的貧困與無能為力，國內缺乏基礎設施，勉強有100公里的柏油路，也只有四分之一的人民識字，如今欲憑藉石油資源創造繁榮的夢想也破滅了。具體來說，戰爭在2015年8月簽署解決衝突協定及「重新任命」馬查爾為副總統之後宣告結束。然而這些政治人物根本叫不動自己的軍隊，事實上也根本沒有所謂的軍隊，而不受控制的民兵依舊逍遙法外。

南蘇丹的內戰象徵著所謂被遺忘的戰爭，儘管人民死傷極度慘烈——5萬人死亡，250萬人流離失所，70萬難民逃往國外——還是吸引不了西方媒體的目光。

接下來可能的發展

1 由於缺乏新聞畫面的傳遞，戰爭仍在繼續進行，但卻被世界所遺忘。南蘇丹太窮也太遙遠，遠到人民想逃難到歐洲都辦不到。

2 兩方對立人馬終於發現和解利大於弊，卻始終無法真正建立名符其實的國家結構。大家依舊只想為自己的利益著想，侵吞石油收入。

3 掌權者終於改朝換代，並且在國際幫助下建立完備的國家結構。

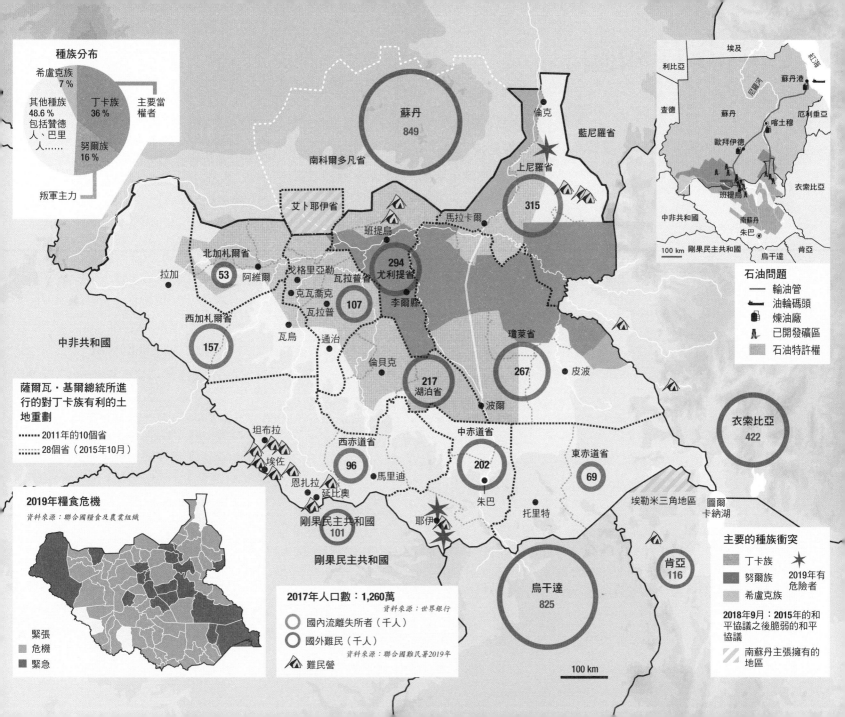

種族分布

希盧克族 7 %

其他種族 48.6 % 包括贊德人、巴里人……

丁卡族 36 % ← 主要當權者

努爾族 16 % ← 叛軍主力

石油問題

— 輸油管
⚓ 油輪碼頭
🏭 煉油廠
⚒ 已開發礦區
▨ 石油特許權

薩爾瓦・基爾總統所進行的對丁卡族有利的土地重劃

- - - - 2011年的10個省
⋯⋯⋯ 28個省（2015年10月）

2019年糧食危機

資料來源：聯合國糧食及農業組織

緊張
危機
緊急

2017年人口數：1,260萬

資料來源：世界銀行

◯ 國內流離失所者（千人）
◯ 國外難民（千人）
資料來源：聯合國難民署2019年
⛺ 難民營

主要的種族衝突

▨ 丁卡族
▨ 努爾族
▨ 希盧克族
✴ 2019年有危險者

2018年9月：2015年的和平協議之後脆弱的和平協議

▨ 南蘇丹主張擁有的地區

埃及
利比亞
查德
紅海
蘇丹港
尼羅河
喀土穆
厄利垂亞
蘇丹
歐拜伊德
班提烏
衣索比亞
中非共和國
南蘇丹
朱巴
剛果民主共和國
烏干達
肯亞
100 km

蘇丹 849

南科爾多凡省
藍尼羅省
倫克
上尼羅省 315
艾卜耶伊省
班提烏
馬拉卡爾
北加札爾省
拉加
阿維爾
戈格里亞勒
瓦拉普省
尤利提省 294
克瓦喬克
瓦拉普 107
李爾縣
瓊萊省 267
皮波
西加札爾省 157
瓦烏
通治
倫貝克
湖泊省 217
波爾
中非共和國
坦布拉
埃佐
恩扎拉
延比奧
剛果民主共和國 101
剛果民主共和國
西赤道省 96
馬里迪
中赤道省 202
朱巴
托里特
東赤道省 69
耶伊
衣索比亞 422
埃勒米三角地區
圖爾卡納湖
肯亞 116
烏干達 825

100 km

中非共和國

中非共和國本應非常富有，但實際上卻是個極低度開發國家。國內人口不多（470萬人），天然資源豐富（金、鈾、鑽石、石油、木材），然而以國內生產毛額（GDP）來看，卻是世界最貧窮的國家之一，在全球193個國家中名列189，平均每人年收入382美元。

中非共和國原為法國殖民地，於1960年獨立。1965年，第一任總統大衛‧達可（David Dacko）被他的總參謀長讓巴都‧卜卡薩（Jean-Bédel Bokassa）推翻。卜卡薩推行農業改革，排斥菁英分子，頗得民心卻狂妄自大。1976年，他在法國的默認下宣布自己為皇帝，改國名為中非帝國，實行獨裁專制。

1979年9月20日，巴黎啟動「梭魚行動（Operation Barracuda）」，推動達可重新掌權。

在這之後，接連不斷的軍事政變讓政府一直處於極度不穩定狀態。法國以中非共和國為據點，當作它們在非洲的後勤基地，但是對於該國國內的貪腐政權無能為力。

中非共和國由80％的基督徒與15％的穆斯林組成，其餘為泛神論者。

當前危機

以穆斯林為主要成員的叛亂組織塞雷卡（Séléka），主張維護穆斯林群體的權利，同時利用中央政權的弱點，控制國家東部與北部的領土與資源。它們招募失業的年輕人，並且得到查德與蘇丹叛亂組織的幫助。由於過去種種加諸於穆斯林的不公平對待，想要報復的欲望，加上缺乏紀律，進而引發種族之間的暴力和各種燒殺擄掠。2013年3月，塞雷卡占領首都班基（Bangui），推翻總統博齊澤（François Bozize）。

信仰基督教的民眾將搶劫者和穆斯林畫上等號，因為富人聚會的教堂是最常被劫掠的地方。然而搶劫者有各種來歷，宗教似乎不是最主要的動機。

基督教民兵組織「反巴拉卡（Anti-balaka）」，由忠於博齊澤的部隊和想要報仇的基督徒組成。除了和塞雷卡之間的武裝衝突，它們也犯下許多暴行，接二連三，引發國際社會關注，擔心盧安達式的種族屠殺再度發生。

2013年12月，在聯合國安理會授權之下，法國帶領國際部隊出兵干涉，稱為「紅蝴蝶行動（Operation Sangaris）」。此次行動雖然平息了最嚴重的幾場衝突，但種族與宗教之間的對立仍舊難以弭平。2016年，法國宣布終止行動，由非洲部隊接替。2018年，俄羅斯與班基簽署了一項軍事協議，就軍隊訓練與總統維安進行合作。2019年，在非洲聯盟與聯合國的主持下，中非政府和國內數個武裝團體在蘇丹喀土穆簽署和平協議；在此之前簽定的7項協議都沒有被履行和尊重。

接下來可能的發展

1 於2016年2月14日當選的總統福斯坦阿爾尚熱‧圖瓦德拉（Faustin-Archange Touadéra），參考南非的「真相與和解委員會（Truth and Reconciliation Commission）」模式，在法國的協助下推行國家和解政策。有效利用國際援助，傷口就可以癒合得更快，國家也能夠開始發展。

2 總統依舊受制於其支持者，種族與宗教暴力再起。民兵以開採礦產資源維生。

3 俄羅斯不僅對中非共和國的天然資源有濃厚的興趣，對於這個復原中的國家也逐漸發揮影響力。

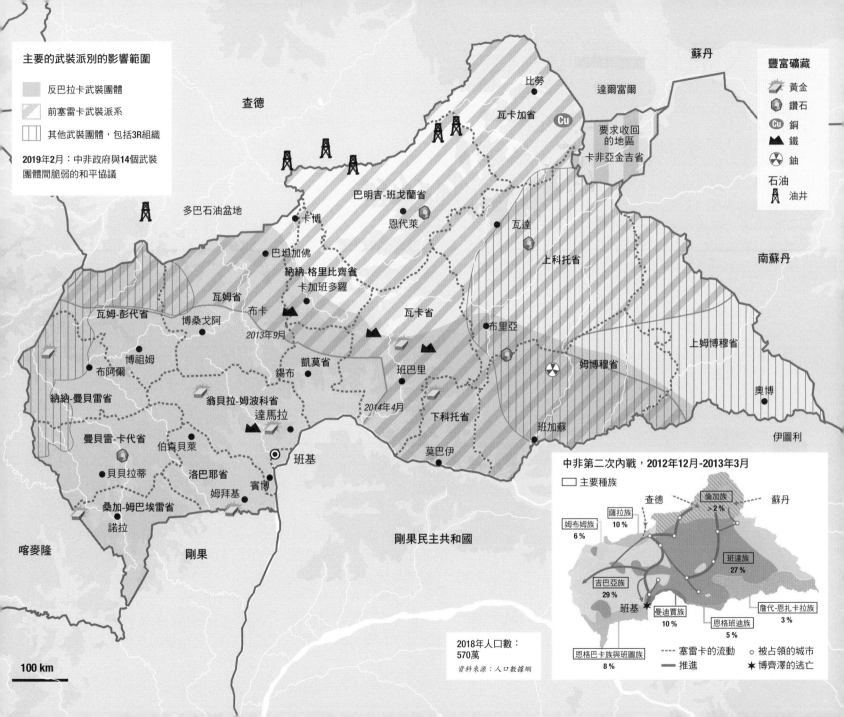

主要的武裝派別的影響範圍

反巴拉卡武裝團體

前塞雷卡武裝派系

其他武裝團體，包括3R組織

2019年2月：中非政府與14個武裝團體間脆弱的和平協議

豐富礦藏

黃金

鑽石

Cu 銅

鐵

鈾

石油

油井

蘇丹

達爾富爾

查德

比勞

瓦卡加省

多巴石油盆地

巴明吉-班戈蘭省

卡博

恩代萊

要求收回的地區

卡非亞金吉省

南蘇丹

巴坦加佛

瓦姆省

納納-格里比齊省

卡加班多羅

瓦卡省

瓦達

上科托省

瓦姆-彭代省

布卡

博桑戈阿

2013年9月

布里亞

上姆博穆省

博祖姆

布阿爾

凱莫省

錫布

班巴里

姆博穆省

納納-曼貝雷省

2014年4月

奧博

翁貝拉-姆波科省

達馬拉

下科托省

曼貝雷-卡代省

伯森貝萊

班基

莫巴伊

班加蘇

伊圖利

貝貝拉蒂

洛巴耶省

賓博

姆拜基

桑加-姆巴埃雷省

諾拉

喀麥隆

剛果

剛果民主共和國

100 km

2018年人口數：570萬

資料來源：人口數據網

中非第二次內戰，2012年12月-2013年3月

主要種族

查德

蘇丹

倫加族 >2 %

姆布姆族 6 %

薩拉族 10 %

班達族 27 %

吉巴亞族 29 %

班基

曼迪賈族 10 %

詹代-恩扎卡拉族 3 %

恩格班迪族 5 %

恩格巴卡族與班圖族 8 %

塞雷卡的流動

推進

被占領的城市

博齊澤的逃亡

衣索比亞與厄利垂亞

第一次世界大戰前，衣索比亞和賴比瑞亞（由美國解放的奴隸所建立）是非洲唯二的獨立國家。衣索比亞是個非常古老的王國，直到1912年以前，它和摩洛哥是非洲大陸唯二沒有被殖民的國家。它於1923年加入國際聯盟，卻在1935至1941年被義大利軍事獨裁者墨索里尼（Benito Mussolini）占領。

衣國國王海爾·塞拉西（Haile Selassie）往海上尋求發展，希望將當時被英國託管的厄利垂亞併入領土。1952年，在聯合國同意下，厄利垂亞以聯邦自治的形式併入衣索比亞。但塞拉西在1962年逕自將厄利垂亞改為衣索比亞管轄下的一州。

厄利垂亞的人民發起獨立運動，衣索比亞則對其實施戒嚴，兩方展開長達30年的對抗。1974年，衣國國王被宣稱是信仰馬克思主義的軍隊推翻，自此從親美轉變成親俄。在門格斯圖（Mengistu Haile Mariam）當上總統後，不論對衣索比亞或厄利垂亞都施行非常嚴厲的專制政權。1984至1985年間，衣索比亞因軍事衝突和乾旱，發生了饑荒災難，造成40萬人死亡。

1991年，一支由美國支持的游擊隊推翻了門格斯圖。1993年，厄利垂亞獨立，兩個國家和平共存，直到1998年因邊界問題爆發戰爭，造成8萬人死亡，60萬人流離失所。

2000年，在聯合國的協助下，兩國簽署和平協定。然而連年的戰爭已經把兩個國家都摧殘殆盡。

當前危機

儘管簽署了和平協議，邊界問題始終沒有解決，外交關係也並未恢復，呈現中斷狀態。

厄國獨立之後，伊薩亞斯·阿費沃爾基（Isaias Afwerki）以衣索比亞的威脅為由，在國內建立了極權政權：單一政黨，強制性地無限期徵兵，近乎農奴制，毫無自由可言。這讓厄利垂亞的人民想盡辦法逃離國家。

衣索比亞由人口占少數的提格利尼亞人（Tigrayans）執政，政治上施行專制，經濟方面則是高速成長。它在戰略上和美國合作，經濟發展卻仰賴中國。由於國家權力掌握在少數民族手中，執政態度強硬，導致不同族群間的關係惡化。掌權的提格利尼亞人占衣國人口的

6%，索馬利亞人（Somalis）也是大約6%，奧羅莫人（Oromo）占35%，安哈拉人（Amhara）占26%。

2018年，奧羅莫族的阿比·阿邁德（Abiy Ahmed）以42歲的年紀，在跌破所有人眼鏡的情況下贏得勝選，成為總理。他恢復民主，釋放政治犯，重建邊界衝突的象徵——巴德梅鎮（Badme），藉此向厄利垂亞伸出友誼的手。厄利垂亞接受了衣索比亞釋出的善意，兩方重啟對話，開放邊界，恢復外交關係。

接下來可能的發展

1 阿比·阿邁德成功平息衣索比亞因經濟發展造成的社會緊張情勢。國家形象明顯改善，成為非洲大陸的領導國家之一。

　a.厄利垂亞和衣索比亞的關係改善之後，再也不能作為其集權政治的辯解藉口，迫使國家走向民主。

　b.厄利垂亞的政權不打算做出任何改革，在不挑起戰爭狀況下依舊維持高壓統治。

2 衣索比亞的社會情勢再度緊張，導致政權更加強硬，危及其與厄利垂亞難得的和平。

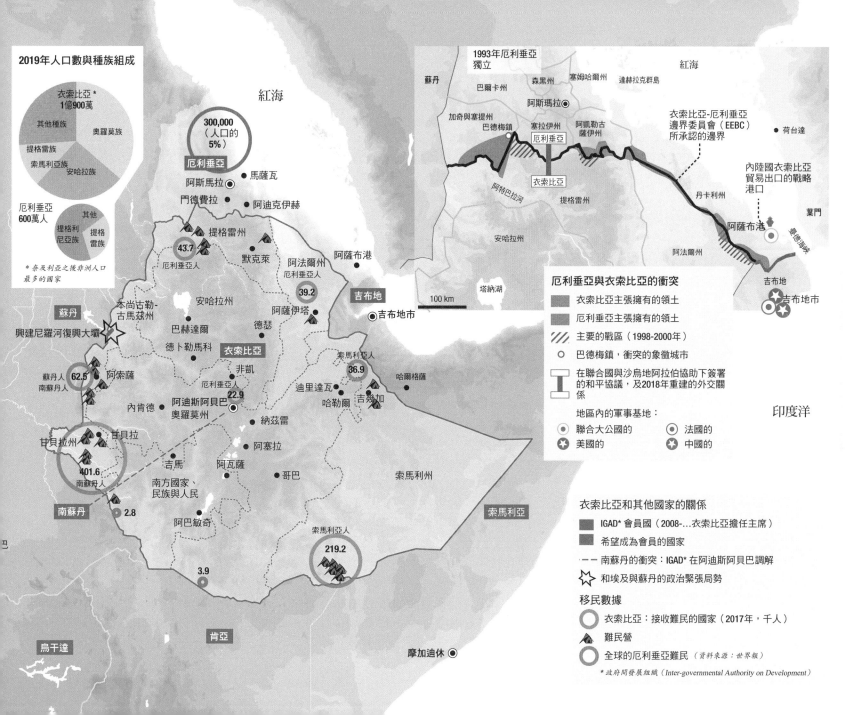

2019年人口數與種族組成

衣索比亞*
1億900萬

其他種族
奧羅莫族
提格雷族
索馬利亞族
安哈拉族

厄利垂亞
600萬人

其他
提格利
尼亞族
提格
雷族

*奈及利亞之後非洲人口
最多的國家

蘇丹

興建尼羅河復興大壩

蘇丹人
南蘇丹人 62.5

阿索薩

內肯德

甘貝拉州

甘貝拉

南蘇丹人 401.6

南蘇丹 2.8

本尚古勒-
古馬茲州

安哈拉州

巴赫達爾

德卜勒馬科

吉馬

南方國家、
民族與人民

阿巴敏奇 3.9

烏干達

肯亞

摩加迪休 ◉

紅海

300,000
（人口的
5%）

厄利垂亞

阿斯瑪拉 ◉   ● 馬薩瓦

門德費拉   ● 阿迪克伊赫

提格雷州

43.7
厄利垂亞人   默克萊

阿法爾州
厄利垂亞人

39.2

阿薩伊塔

德瑟

衣索比亞

非凱
厄利垂亞人   22.9

阿迪斯阿貝巴 ◉
奧羅莫州

納茲雷

阿塞拉

阿瓦薩

哥巴

阿薩布港

吉布地

吉布地市 ◉

索馬利亞人

迪里達瓦   哈爾格薩
哈勒爾
吉基加   36.9

索馬利州

索馬利亞人
219.2

索馬利亞

**1993年厄利垂亞
獨立**

蘇丹   森黑州   塞姆哈爾州   紅海
巴爾卡州   達赫拉克群島

阿斯瑪拉 ◉   ● 荷台達

加奇與塞提州
巴德梅鎮   塞拉伊州
厄利垂亞   阿凱勒古
薩伊州   衣索比亞-厄利垂亞
邊界委員會（EEBC）
所承認的邊界

衣索比亞

阿特巴拉河   提格雷州   內陸國衣索比亞
貿易出口的戰略
港口

丹卡利州

葉門

安哈拉州   阿薩布港
阿法爾州   達德海族

塔納湖   吉布地

100 km   吉布地市 ◉

印度洋

厄利垂亞與衣索比亞的衝突

⬛ 衣索比亞主張擁有的領土

⬛ 厄利垂亞主張擁有的領土

▨ 主要的戰區（1998-2000年）

◎ 巴德梅鎮，衝突的象徵城市

⊥ 在聯合國與沙烏地阿拉伯協助下簽署
的和平協議，及2018年重建的外交關
係

地區內的軍事基地：

◉ 聯合大公國的   ◉ 法國的

✪ 美國的   ✪ 中國的

衣索比亞和其他國家的關係

⬛ IGAD* 會員國（2008-...衣索比亞擔任主席）

⬛ 希望成為會員的國家

--- 南蘇丹的衝突：IGAD* 在阿迪斯阿貝巴調解

☆ 和埃及與蘇丹的政治緊張局勢

移民數據

◯ 衣索比亞：接收難民的國家（2017年，千人）

🏕 難民營

◯ 全球的厄利垂亞難民（資料來源：世界報）

*政府間發展組織（Inter-governmental Authority on Development）

索馬利亞

索馬利亞位於非洲之角，戰略地位顯著，早在列強殖民時代就引起歐洲國家覬覦。英國占據其北方的土地（索馬利蘭〔Somaliland〕）；義大利占據南方摩加迪休（Mogadishu）周圍，是較為繁榮的地區。

墨索里尼倒台時，英國侵占了義屬索馬利亞，1950年歸還給義大利託管。1960年，英屬索馬利蘭和義屬索馬利亞先後獨立，兩者合併為索馬利亞共和國。

1969年，西亞德·巴雷（Siad Barre）發動政變，奪得政權，政策採取馬克思主義導向。1974年，蘇聯拋棄了索馬利亞，轉而援助更有戰略價值的衣索比亞。

1991年，巴雷被推翻後，索馬利亞陷入無政府狀態，索馬利蘭趁機宣布獨立。該年年底，國家陷入混亂與內戰，一場饑荒奪走22萬條生命。

在聯合國的協助下，老布希發起「恢復希望行動（Operation Restore Hope）」，在當地進行人道主義救援，同時掃蕩軍閥和反政府武裝團體。美國想藉由這項行動表明，即使並非為了科威特那樣的石油因素，它們也會基於人道主義出兵干涉。但是25,000名美國士兵的介入，反而阻礙了聯合國居中調停，衝突很快再起。

1993年，18名美國士兵在一次和索馬利亞民兵的衝突中被殺。隨後柯林頓總統決定將美軍全數撤回，此舉讓索馬利亞更加陷入混亂。位於索馬利蘭東北部的邦特蘭州（Puntland）在1998年宣布自治。

政府雖曾多次舉行和平會談，最後都以失敗收場。「索馬利亞化（Somalisation）」這個詞，就是指一個國家的領土分裂、政府失去威信、軍事派系對峙，籠罩著混亂與苦難。

當前危機

政府垮台、海軍解散，國際漁船開始在索馬里亞海域非法撈捕，耗盡了當地的海洋資源。於是在2007至2008年間，幾個無魚可捕的漁民竟和恐怖主義民兵結盟，搶劫海上航行的船隻。為防止海盜行為繼續蔓延，北約、歐盟（亞特蘭大行動〔2009 Operation Atalanta〕）、美國、中國、俄羅斯與其他多個國家皆派出海軍積極巡邏。2012年，海盜的問題獲得了控制。但是在陸地上，在那些對外國勢力沒有利益吸引力的土地上，情況並沒有改善。

與索馬利亞過渡政府對立的武裝團體伊斯蘭法庭聯盟（Islamic Courts Union, ICU），雖以高壓手段嚴格執行伊斯蘭教法，但也因此帶來某種形式的秩序並且受到歡迎。在2006年時，他們已經控制了索馬利亞中南部地區。衣索比亞在美國的幫助下，以反恐名義介入，與索國政府一起對抗該組織，但卻未能將其完全瓦解。在這樣的情況下，反而造就了一個更激進的團體——索馬利亞青年黨（Al-Shabaab）。它們在2009至2011年間成功控制大部分領土，包括摩加迪休。

接收了25萬索馬利亞難民的肯亞，也在2011年進行軍事干涉。青年黨不敵盟軍，轉而在肯亞境內進行恐怖攻擊行動。

2017年，在聯合國的協助下，穆罕默德·阿卜杜拉希·穆罕默德（Mohamed Abdullahi Mohamed）當選索馬利亞總統。索馬利亞可謂「失敗國家」的典型例子，相較之下，索馬利蘭在經濟與政治有一定程度的穩定發展，但因擔心會鼓勵分離主義，因此沒有人願意承認其獨立。

接下來可能的發展

1 來自國際社會的合理援助將有助國家重建，經濟發展則有助結束國內衝突。

2 武裝團體的領導人覺得還是混亂對他們最有利，暗中破壞大家為和平所付出的努力。

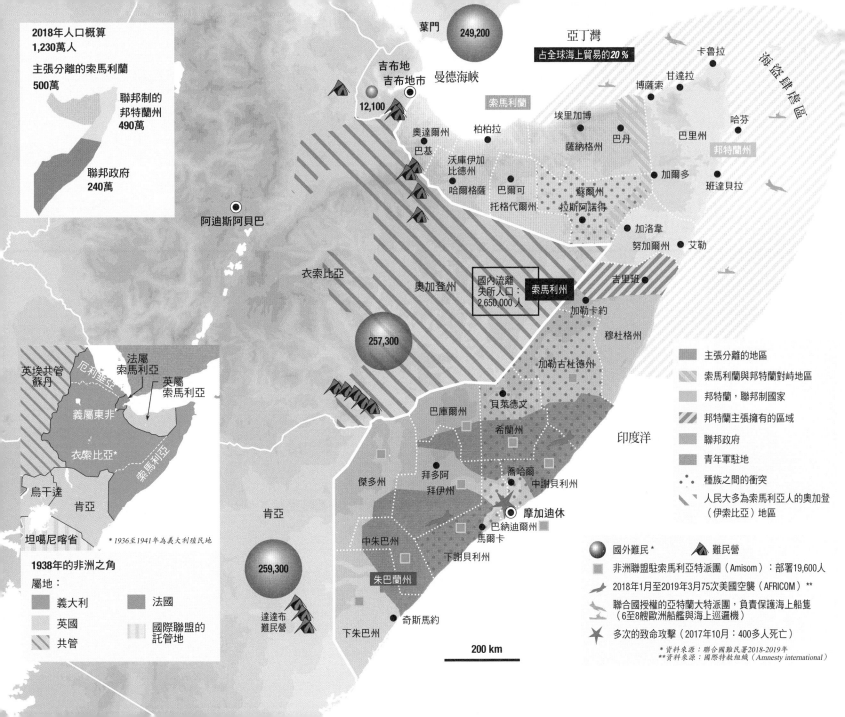

2018年人口概算
1,230萬人

主張分離的索馬利蘭
500萬

聯邦制的
邦特蘭州
490萬

聯邦政府
240萬

1938年的非洲之角

屬地：

義大利 　　　法國
英國 　　　國際聯盟的
共管 　　　託管地

* 1936至1941年為義大利殖民地

葉門 **249,200**

亞丁灣
占全球海上貿易的**20%**

海盜肆虐區

卡魯拉
甘達拉
博薩索
哈芬
埃里加博
巴丹
巴里州
索馬利蘭
邦特蘭州
柏柏拉
奧達爾州
薩納格州
加爾多
巴基
沃庫伊加
比德州
哈爾格薩
巴爾可
托格代爾州
蘇爾州
拉斯阿諾得
班達貝拉
加洛韋
努加爾州
艾勒
吉里班
加勒卡約
穆杜格州
加勒古杜德州

吉布地
吉布地市
12,100
曼德海峽

阿迪斯阿貝巴

衣索比亞

奧加登州

國內流離
失所人口：
2,650,000 人
索馬利州

257,300

巴庫爾州
貝萊德文
希蘭州
喬哈爾
中謝貝利州
印度洋

傑多州
拜多阿
拜伊州

摩加迪休
巴納迪爾州
馬爾卡

中朱巴州
下謝貝利州

朱巴蘭州

達達布
難民營
259,300

下朱巴州
奇斯馬約

肯亞

英埃共管
蘇丹
厄利垂亞
法屬
索馬利亞
英屬
索馬利亞
義屬東非
衣索比亞*
索馬利亞
烏干達
肯亞
坦噶尼喀省

主張分離的地區
索馬利蘭與邦特蘭對峙地區
邦特蘭，聯邦制國家
邦特蘭主張擁有的區域
聯邦政府
青年軍駐地
種族之間的衝突
人民大多為索馬利亞人的奧加登
（伊索比亞）地區

🔵 國外難民 *
⛺ 難民營
◻ 非洲聯盟駐索馬利亞特派團（Amisom）：部署19,600人
✈ 2018年1月至2019年3月75次美國空襲（AFRICOM）**
🚢 聯合國授權的亞特蘭大特派團，負責保護海上船隻
（6至8艘歐洲船艦與海上巡邏機）
✴ 多次的致命攻擊（2017年10月：400多人死亡）

* 資料來源：聯合國難民署2018-2019年
**資料來源：國際特赦組織（Amnesty international）

200 km

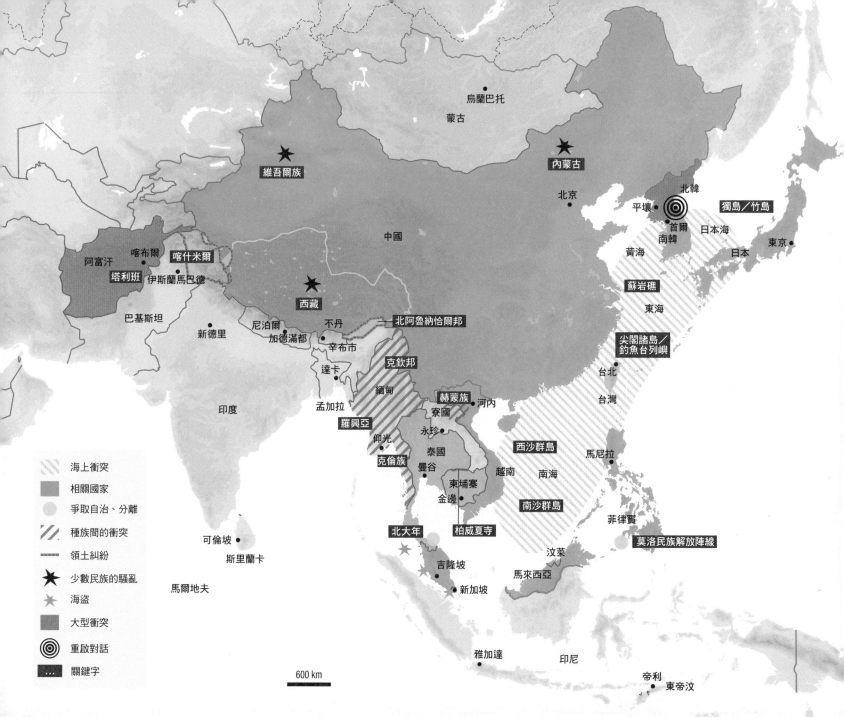

烏蘭巴托

蒙古

★ 內蒙古

維吾爾族 ★

北京

中國

北韓

平壤　　首爾
　　　　南韓　日本海　　　獨島／竹島

黃海　　　　　　　　　　　日本　　東京

阿富汗
　　　喀布爾　喀什米爾
塔利班　伊斯蘭馬巴德

巴基斯坦

新德里

尼泊爾
加德滿都　不丹

西藏 ★　　　　　北阿魯納恰爾邦

辛布市

蘇岩礁

東海

克欽邦

達卡

印度

孟加拉

緬甸

赫蒙族　河內

寮國

羅興亞

仰光

永珍

泰國

克倫族

曼谷

柬埔寨

金邊

柏威夏寺

尖閣諸島／
釣魚台列嶼

台北

台灣

西沙群島

馬尼拉

越南　南海

南沙群島

菲律賓

莫洛民族解放陣線

北大年

汶萊

可倫坡

斯里蘭卡

吉隆坡

新加坡

馬來西亞

馬爾地夫

雅加達

印尼

帝利
東帝汶

圖例

- ▨ 海上衝突
- ▧ 相關國家
- ● 爭取自治、分離
- ▨ 種族間的衝突
- ┅ 領土糾紛
- ★ 少數民族的騷亂
- ✦ 海盜
- ▨ 大型衝突
- ◉ 重啟對話
- ▨ 關鍵字

600 km

危機與衝突的亞洲

中國的和平崛起？

這40年來，中國經歷了一場驚天動地的經濟成長。基於中國的市場規模與全球化現象的無遠弗屆，其成長為世界局勢帶來了史無前例的影響。

2011年，中國已經超越日本，成為全球國內生產毛額（GDP）排名第二的國家；2013年，中國超越美國，成為世界貿易（進口與出口）第一強國。問題再也不是中國是否會超越美國成為世界第一經濟強國（中國對美國有著4千億的貿易順差），而是這件事什麼時候發生。

假如中國領導人宣稱該國的成長是一種「和平的崛起」，那麼周圍的國家是否該擔心權力關係的顛覆會讓中國企圖領導東亞地區的發展。

儘管美中關係無法與過去的美蘇關係相提並論，美國仍然將中國視為愈來愈明顯的對手，以及試圖挑戰其世界領導地位的敵人。但中國倒是沒有將美國視為對手，因為它的目標是成為世界第一強權。

這是國力的較量，而非意識形態的戰爭，不過這樣的激烈競爭仍散發出令人緊張的強大氛圍。川普當選後，緊張的氣氛變得更加激烈了。川普以為能夠阻止中國超越美國，而習近平則想證明中國成為世界第一強權的野心。在19世紀初，中國是世界第一強國，人口與GDP占全球的30％。但那是在全球化之前，東方與西方分割的世界。政府的顢頇與西方列強的干涉，使得中國失去原本的地位。19世紀的歷史對中國來說是一個恥辱（鴉片戰爭以及隨之而來的各種不平等條約）。這段歷史也讓中國人產生集體意識：他們必須在北京建立一個強大的專制政權，贏得其他國家的尊重。

1949年，毛澤東取得政權，靠的無非就是共產主義和民族主義。而民族對抗的意識成為日後中國與蘇聯決裂的根源，被美國利用的意識形態之爭，不過是個幌子。

自1980年代起，在鄧小平的指引下，中國打破孤立，走向開放市場，2001年更加入了世界貿易組織。中國在世界經濟的占比大增，GDP從1980年的2％到今天的15％，人均GDP從200美元到8,200美元，7億中國人從此脫離貧困。

19世紀末割讓給英國的香港與被葡萄牙統治的澳門，如今皆已歸還中國。此外，中國主張台灣（1949年國民政府流亡至此地，且具有實質上獨立的主權）也是屬於它們的一部分。

為了挹注經濟成長而不斷尋找天然資源的中國，非常積極地在非洲、近東與拉丁美洲進行投資，簽訂商業協議。

中國不僅積極進行軍隊現代化，並且不斷提高軍事預算。

然而中國還是遇上了一些新的困難，包括當初幫助經濟起飛的一胎化政策（現已廢除）帶來的人口老化問題、過度開發造成的生態浩劫開始對國家發展及公共衛生進行反撲、城鄉差距與貧富差距愈來愈大，以及政治結構的腐化和貪汙問題已被政府列為改革的優先事項。不斷上漲的勞動成本讓人開始質疑其「世界工廠」的地位，同樣地，迄今還算成功的共產政治與激進的市場經濟結合，也讓人懷疑究竟還能走多遠。

中國有時表現得像已開發國家，有時又像新興國家。它試圖確保其陸上與海上貿易路線（一帶一路）的安全與供應無虞，反而讓鄰近國家感到非常不安。

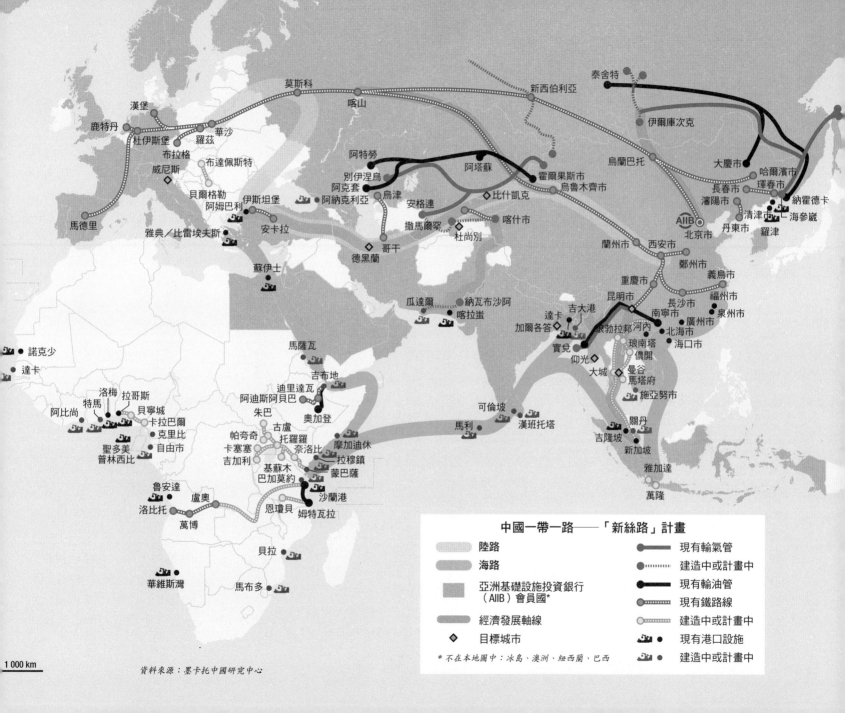

中國一帶一路——「新絲路」計畫

陸路
海路
亞洲基礎設施投資銀行（AIIB）會員國*
經濟發展軸線
目標城市

現有輸氣管
建造中或計畫中
現有輸油管
現有鐵路線
建造中或計畫中
現有港口設施
建造中或計畫中

* 不在本地圖中：冰島、澳洲、紐西蘭、巴西

資料來源：墨卡托中國研究中心

1 000 km

南海的緊張情勢

隨著北京主張「收復」南海諸島領土的動作愈來愈多，這片海域的情勢也愈來愈緊張。

中國認為南海主權事關「國家利益」，主張自己擁有80％的水域，並且把這塊空間當作是對抗美國的盾牌。綜觀歷史，國家發展與對外交通密不可分。而中國80％的進口石油需取道南海，而30％至40％的世界出口貿易也都仰賴這條海運路線。南海蘊含豐富的天然氣與石油，雖然各方對其實際儲量的估算存在極大差異，但已足以引起各國覬覦。漁業資源也是其中一項重要因素。最後不能不提的是，這裡是中國潛艇的重要戰略據點。

當前危機

如果南海沿岸各國之間的齟齬存在已久，那麼近期局勢可以說是不斷升溫。針對西沙群島與南沙群島，汶萊、馬來西亞、越南與菲律賓皆指控中國無視「聯合國海洋法公約（United Nations Convention on the Law of the Sea, UNCLOS）」，任意決定其海上邊界。早在1988年中越之間的一次海上駁火，就已造成70名越南海軍士兵喪生。中國占領整個西沙群島與部分南沙群島，並且在南沙部分島礁進行填海工程，包含可強化北京對此地控制的軍事設施。

2013年，菲律賓針對中國在中菲海域的主權主張及島礁開發活動，向海牙的常設仲裁法院（Permanent Court of Arbitration, PCA）提出仲裁申訴。法院於2016年宣告菲律賓勝訴，中國則表示不承認也不會接受裁決結果。

若說泰國、柬埔寨與寮國不想和北京作對，那麼東南亞國家協會（Association of Southeast Asian Nations, ASEAN，簡稱「東協」）的其他國家則為了平衡中國的野心而向華盛頓靠攏。中國的軍事規模與影響力，使得該地區難以建立其他戰略支柱，這也讓鄰近國家覺得比以往任何時候更需要美國的海上影響力。美國則打算繼續確保其在公海的自由航行權。

在東海，日本和中國（以及台灣）則為了幾個無人島發生爭端——日本稱之為「尖閣諸島」，中國則稱之為「釣魚台列嶼」。二戰結束後，釣魚台實際上由美國控制；1972年，美國將管理權移交給日本。2012年，東京為了防止可能的私人所有者做出對北京的挑釁舉動，於是花錢買下釣魚台列嶼的其中兩個小島。北京卻認為這項舉動構成了國有化與敵對行為。2013年，中國在東海設立防空識別區，要求在區域內航行的民航或軍用飛機必須向中國通報飛行計畫。釣魚台爭端關係到專屬經濟區的劃定，而美國的立場（支持日本）有可能帶來全球性的影響。

接下來可能的發展

1 儘管會招來沿岸各國的抗議，中國仍繼續其既成事實的政策。這些國家並沒有可以讓北京屈服的辦法，美國的立場又太不確定，和中國發生衝突很可能會得不償失。

2 中國了解到它需要一個對其鄰國來說較不具威脅性的發展政策，好讓美國的介入失去合法性，可能將會推動一系列雙邊協商。

3 在各自的輿論壓力下，北京和東京都拉高聲量。一次海上意外演變成武裝衝突，美軍飛來援助日本。情況惡化到無法控制，小衝突演變成大衝突，後果無法預估。

軍事基地

⬤ 中國軍事基地
★ 美國軍事基地

2017年軍事支出
（百萬美元）
225,000
50,000

•••• 與中國有領土衝突的國家

孟加拉灣

緬甸

寮國

泰國

安達曼海

柬埔寨

泰國灣

印度洋

麻六甲海峽

馬來西亞 1.4 ⑮

新加坡 ★

印尼

全球海上貿易的1/3，
中國海上貿易的90%

馬來西亞

汶萊

印尼 6 ②

越南 2.7 ⑧

東京灣

中國 14.8 ①

西沙群島
（中國控制）
越南
中國

南海 11 5,000
越南
中國

南沙群島

台灣
汶萊
菲律賓
馬來西亞

南韓
南韓
中國
離於島／
蘇岩礁

日本 3.6 ⑤

東海 0.1 56

中國
日本

台灣

尖閣諸島／釣魚台列嶼
（日本控制）

太平洋

台灣

黃岩島
（中國占領）

菲律賓 ★

台灣
中國

菲律賓 2.1 ⑫

專屬經濟區界限

漁業資源

🦀 捕魚區

🐟 2014年漁獲量（百萬噸）
（資料來源：聯合國糧食及
農業組織）

⑪ 世界排名（漁獲量）

石油／天然氣資源

⛏ 石油開採

📱 桶／日   🛢 十億 m³

海洋主張

中國領海

中國主張擁有的海域

有爭議的群島、島嶼、
小島

500 km

中國與台灣

台灣在1895年割讓給日本，在1945年之後歸還中國。1949年，毛澤東領導的中國共產黨在國共內戰中取得了優勢，並且建立了共產政權，由蔣介石領導的國民黨不得不撤退到台灣島上。兩方都聲稱自己代表整個中國。在美國的支持下，在土地與人口上都居於少數的台灣出任了聯合國安理會的常任理事國。直到1971年，美國的政策轉彎，常任理事國的位子才被北京取代。起初，兩邊都希望能夠征服對方，但台灣的人口弱勢讓它無法以武力統一中國，而美國的保護也阻止了北京併吞台灣。

台灣經濟起飛後，在1980年代實現民主政治，放棄了光復大陸的想法，滿足於現狀。中國則是一一與其他國家建交，並且要求對方不得承認台灣主權，宣布台灣必須依照「一中原則」回歸成為中國的一省。台灣在國際上的邦交國只剩下15個國家（2021年7月）。

當前危機

中國的經濟發展改變了雙方的關係，國際局勢轉而對北京有利。成為真正民主國家的台灣還是很有錢，但是在外交上卻被孤立。如果台灣宣布獨立，將會被北京當成宣戰的理由。北京表示希望和平收復台灣，但不排除軍事選項。雖然政治對立，但強大的經濟關係搭起了兩岸之間的橋梁——台灣領先日本和美國，是中國最大的投資者。中國向台灣宣揚香港的「一國兩制」模式，台灣人並不買單，因為北京對香港的控制顯然愈來愈嚴。2010年，北京與台北簽訂了自由貿易協定。2015年，中國主席與台灣總統首次在新加坡正式會面。2016年，蔡英文當選台灣總統，她不主張獨立，而是主張與北京保持一定距離，這使得雙方關係變得更加脆弱。

接下來可能的發展

1 中國有意或因為台灣宣布獨立而進行武力征服，進而與美國展開一場後果無法估計的抗爭。美國面臨進退維谷的局面：若它袖手旁觀，將會失去國際信譽；如果和中國正面衝突，後果則難以估計。這可能將是自1962年古巴危機以來，美國遭遇的最大軍事危機。

2 中國的經濟發展與逐漸開放的政治，為台灣歸併中國大陸提供了條件，讓台灣保留某種程度的行政與經濟自治。

3 繼續維持現狀。不被國際組織承認的台灣，實際上以獨立的方式存在，並且在政治上保持低調，以免挑起北京的權力意念。

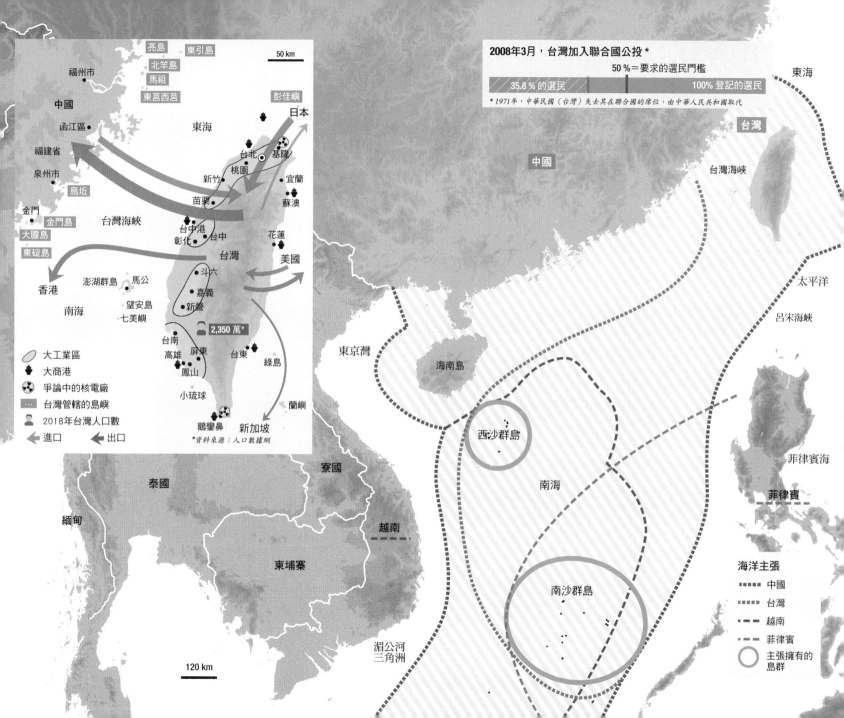

50 km

亮島
東引島
北竿島
馬祖
東莒西莒

福州市
中國
函江區

福建省
泉州市

烏坵

金門
金門島
大膽島
東碇島

台灣海峽

東海

彭佳嶼

日本

台北
基隆
桃園
新竹
宜蘭
苗栗
蘇澳

台中港
台中
彰化

花蓮

台灣

美國

斗六
嘉義
新營

澎湖群島
馬公
望安島
七美嶼

香港

南海

台南
高雄
屏東
鳳山
台東

綠島

小琉球

蘭嶼

鵝鑾鼻
新加坡

2,350 萬*

大工業區

大商港

爭論中的核電廠

台灣管轄的島嶼

2018年台灣人口數

進口　出口

*資料來源：人口數據網

東海

台灣

中國

台灣海峽

太平洋

呂宋海峽

東京灣

海南島

西沙群島

南海

菲律賓海

菲律賓

寮國

泰國

緬甸

越南

柬埔寨

南沙群島

湄公河
三角洲

120 km

海洋主張

⋯⋯ 中國

⋯⋯ 台灣

－－ 越南

－－ 菲律賓

○ 主張擁有的
島群

中國與日本

從長遠的歷史來看，中國一直領先於日本。這個「日出之國」幾個世紀以來都承認自己是中國的文化輸出國。直到19世紀末，在國內內戰頻繁，國外列強殖民胃口大開之際，明治天皇從西方國家得到啟發，銳意改革，讓日本步上現代化，進而趕上甚至超越中國。1930年代，奉行軍國主義的日本占領了中國一大部分的土地，對中國人民極盡侮辱與暴行之能事。1945年日本的戰敗與1949年毛澤東的勝利，並沒有完全改變中國與日本的權力關係。然而面對蘇聯與中國的威脅，它不能沒有美國的保護。從1950年的韓戰開始，日本成為美國在亞洲永不沉沒的航空母艦，其經濟也如閃電般迅速發展。至於共產治國的中國，則處於經濟停滯狀態，無法建立可靠的出口模式，在毛澤東的統治下更是經歷了嚴重的政治危機。

當前危機

鄧小平上任後，中國的經濟自1980年代開始飛快成長，改變了亞洲，甚至整個世界的局面。它可觀的人口加上龐大的市場，使國家成為主要的戰略行為者。蘇聯的解體並沒有減少日本的不安全感，中國與北韓的威脅依舊存在，美國也沒打算撤走在東亞的戰略布局。

雖然日本是世界第三大經濟體，卻從1990年代開始進入泡沫經濟時代。到了2011年，中國的GDP已超越日本。中國不曾忘記二戰期間日本軍所犯下的暴行。多數亞洲國家，甚至是親西方的國家，也都認為日本政府展現的誠意不足，沒有勇氣承認曾經犯下的錯誤。

日本對中美雙邊關係的發展感到擔憂，要是兩國交好，情況可能轉為對自己不利。於是它在中國投資，積極參與中國的經濟發展，希望以共同利益為前提改善雙方的關係。在兩國民族主義風起雲湧的背景下，釣魚台的主權衝突讓局勢趨於緊繃。2012年12月16日大選後，有民族主義傾向的安倍晉三再次出任內閣總理，並就是否應該修改日本和平憲法展開辯論，讓緊張情勢再度升高。2015年，日本政府通過新的保安法案，允許以國家安全的名義重新詮釋憲法。這種新的集體防禦主義將允許日本為盟國提供軍事援助。2018年，日本購買了數架F-35戰鬥機以及2艘航空母艦。中國則靜觀其變。

接下來可能的發展

1 中國勢力的崛起與兩國之間緊張情勢升高，促使周圍國家向日本與美國靠攏。日本則會積極加強軍備。

2 中日的亞洲領導權之爭呈現白熱化。中國利用亞洲部分國家的反日情緒來孤立日本，鞏固自己的區域霸權。日本則表現出更強硬的立場。

3 中日兩國攜手合作，穩定地區情勢，確保雙方共好共榮。日本承認自己在歷史上犯的錯誤，與中國及東協（ASEAN）和解，消除中國的反日情結。

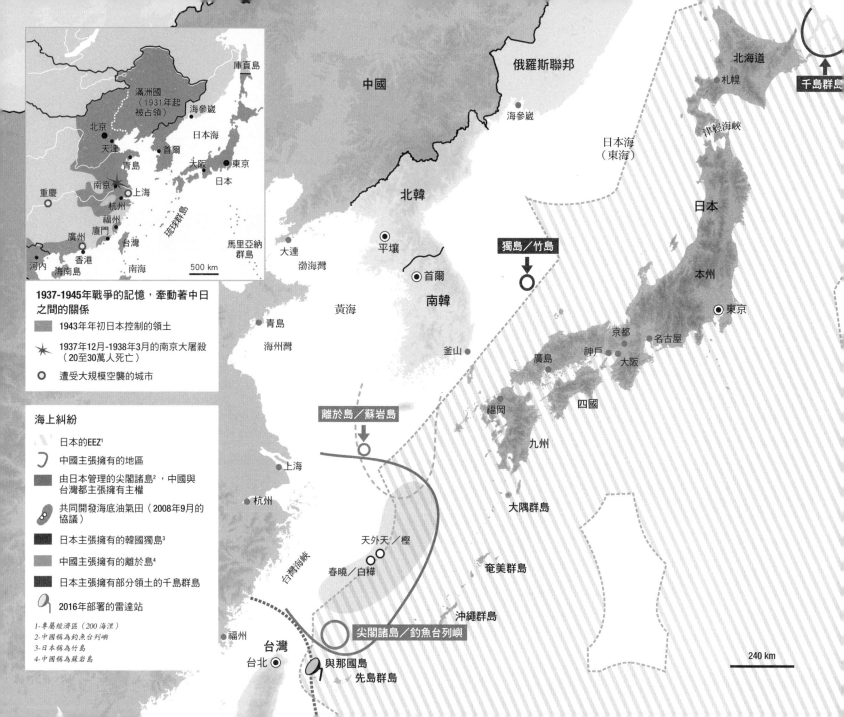

地圖內文字

插圖地圖
滿洲國
（1931年起被占領）
庫頁島
北京
天津
海參崴
首爾
日本海
青島
南京
大阪
東京
重慶
杭州
上海
日本
福州
廈門
廣州
台灣
琉球群島
河內
香港
海南島
南海
馬里亞納群島
500 km

圖例一
1937-1945年戰爭的記憶，牽動著中日之間的關係

1943年年初日本控制的領土

★ 1937年12月-1938年3月的南京大屠殺（20至30萬人死亡）

◎ 遭受大規模空襲的城市

圖例二
海上糾紛

日本的EEZ[1]

中國主張擁有的地區

由日本管理的尖閣諸島[2]，中國與台灣都主張擁有主權

共同開發海底油氣田（2008年9月的協議）

日本主張擁有的韓國獨島[3]

中國主張擁有的離於島[4]

日本主張擁有部分領土的千島群島

2016年部署的雷達站

1-專屬經濟區（200海浬）
2-中國稱為釣魚台列嶼
3-日本稱為竹島
4-中國稱為蘇岩島

主地圖
俄羅斯聯邦
北海道
札幌
千島群島
中國
津輕海峽
海參崴
日本海（東海）
平壤
獨島／竹島
北韓
日本
首爾
南韓
本州
東京
黃海
青島
京都
名古屋
海州灣
釜山
神戶
大阪
廣島
離於島／蘇岩島
上海
福岡
四國
九州
杭州
大隅群島
天外天／樫
春曉／白樺
奄美群島
沖繩群島
台灣海峽
尖閣諸島／釣魚台列嶼
福州
台灣
台北
與那國島
先島群島
240 km

西藏

自西元7世紀，中國公主下嫁西藏國王以來，北京當局就把西藏視為中國的一部分。西元8世紀時，由於佛教的傳入，此地文化基本上受到印度的影響更多。後來西藏逐漸走向政教合一。18世紀時，喇嘛承認自己是中國皇帝的附庸。它們沒有構成獨立的國家實體，但也未正式隸屬於中國。1911年，滿清政府被推翻，中國人也被逐出西藏。1949年，中共取得政權之後，中國軍隊正式進駐西藏，宣布廢除其「封建農奴制度」，並強行實施獨裁統治。1959年，西藏起義遭暴力鎮壓，其最高政教領袖達賴喇嘛逃離西藏，流亡印度，並在該地建立流亡政府。文化大革命期間（1965-1975年），中國所有宗教活動都被禁止，成千上萬的廟宇被摧毀。

當前危機

1970年代末，鄧小平推出西藏經濟現代化政策，為了平衡地區的人口結構，還推動漢人到西藏定居——此舉在藏人看來猶如殖民。1989年，達賴喇嘛獲得諾貝爾和平獎。他雖然無法回西藏，卻受到西方輿論、印度及所有中國的戰略對手的支持，他的哲學（佛學與非暴力哲學）也引起了許多人的共鳴。中國當局則想盡辦法消弭達賴喇嘛在國際上的能見度。

2016年3月，全球數以萬計的藏人選出他們的新政治領導人洛桑森格（Lobsang Sangay）——他在2011年就以57%的得票率當選西藏司政，這是他第二次連任。他主張和北京對話，要求承認文化權，不強求如達賴所主張的獨立。但年輕世代的藏人可能沒有那麼多的耐心。

接下來可能的發展

1 在一次暴力起義後，西藏在西方國家的支持下奪取獨立。然而這種狀況不太可能發生，而且對北京來說完全無法接受。當局擔心這種分離主義會在廣大的非漢族地區蔓延（尤其是以維吾爾族為主的新疆），也希望繼續控制這個邊界戰略地區。

2 現任達賴喇嘛過世以後，中國任命一位聽話的繼任者，希望藉此平息藏人的抗爭。但是這個「中國的達賴喇嘛」，對藏人來說將不具任何合法性。

3 中國的現代化讓當局開始懂得尊重人權，可以接受國內的地方政治與宗教自治。整體局勢在經濟發展的推波助瀾下得到緩解。

4 維持現狀：中國不會放鬆對西藏施加的壓力，國際的抗議聲浪也沒斷過。世界各國為了維持和北京的經濟關係，對這種局勢也只能睜一隻眼閉一隻眼。

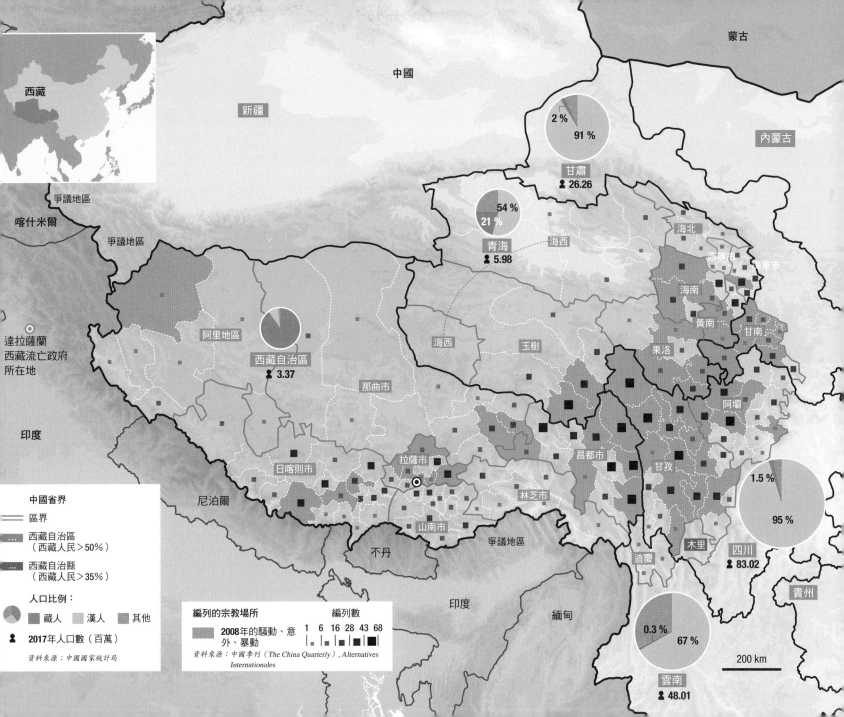

西藏

中國

蒙古

新疆

內蒙古

爭議地區

喀什米爾

爭議地區

2 %　91 %
甘肅
👤 26.26

54 %　21 %
青海
👤 5.98

海北

海西

西寧市

海東市

達拉薩蘭
西藏流亡政府
所在地

阿里地區

海西

玉樹

海南

黃南

甘南

西藏自治區
👤 3.37

那曲市

果洛

阿壩

印度

日喀則市

拉薩市

昌都市

甘孜

1.5 %

尼泊爾

林芝市

95 %
四川
👤 83.02

貴州

山南市

不丹

爭議地區

迪慶

木里

印度

緬甸

0.3 %　67 %
雲南
👤 48.01

中國省界

區界

西藏自治區
（西藏人民＞50%）

西藏自治縣
（西藏人民＞35%）

人口比例：

🔴 藏人　漢人　其他

👤 2017年人口數（百萬）

資料來源：中國國家統計局

編列的宗教場所

2008年的騷動、意外、暴動

編列數
1　6　16　28　43　68

資料來源：中國季刊（The China Quarterly），Alternatives
Internationales

200 km

新疆

新疆位於中國國土的西側，占全國領土的六分之一，幅員遼闊，人口卻只有2,200萬人。

它的文化淵源較接近中亞，歷史上分三個時期併入中國，分別是西元前2世紀（漢朝）、西元7世紀（唐朝），以及18世紀初（清朝）。新疆，顧名思義就是「新的邊疆」。

1949年，毛澤東勝利後，中國在這個煤碳儲量占全國40％的地區建立了獨裁政權。此地的居民以維吾爾族為主，大多信仰伊斯蘭。

文化、種族與宗教的差異，再加上土地廣袤，讓中國難以完全控制該區。共產黨一方面宣稱尊重少數民族的地位，一方面加強對該地區的控制。經濟發展並沒有為此地帶來更大的自由和彈性，反而讓北京當局愈來愈不希望看見民族自治。中國領導人認為，中央一旦放鬆對地方的控制，就會造成國家的衰弱。這樣的恐懼則是來自於中國的歷史教訓。

當前危機

維吾爾族穆斯林占新疆人口的46％，漢族占40％，當地其他少數民族也都是穆斯林。北京推行移民政策，試圖平衡當地的人口結構，並且宣布要清除「三害（分離主義、極端主義與恐怖主義）」，把自己的鎮壓行為塑造成全球反恐行動的一部分。大多數維吾爾族人要求保留文化權與自治權，然而聖戰分子卻經常發動恐怖攻擊。

於是北京以打擊恐怖主義的名義，對少數穆斯林的鎮壓手段變得更加強硬。2019年，百萬穆斯林被送入「新疆再教育營」。

接下來可能的發展

1 當地依舊定期發生恐怖攻擊，讓人無法質疑北京控制的必要性。中國加強其漢族移民政策，對穆斯林的控制更嚴密壓迫。

2 北京同意在經濟發展與新絲路計畫的前提下，保障維吾爾族的文化權與自治權。恐怖主義從此消聲匿跡。

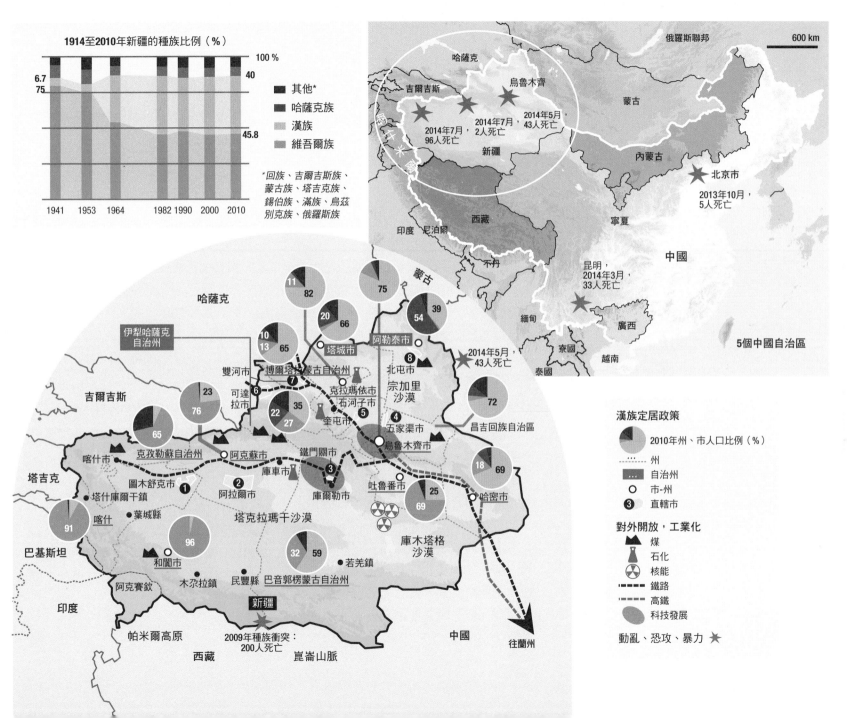

1914至2010年新疆的種族比例（%）

- 其他*
- 哈薩克族
- 漢族
- 維吾爾族

1941　1953　1964　1982　1990　2000　2010

*回族、吉爾吉斯族、蒙古族、塔吉克族、錫伯族、滿族、烏茲別克族、俄羅斯族

俄羅斯聯邦

哈薩克
吉爾吉斯
烏魯木齊
蒙古
內蒙古
新疆

2014年7月，2人死亡
2014年5月，43人死亡

北京市
2013年10月，5人死亡

印度　尼泊爾
不丹
西藏

昆明，2014年3月，33人死亡

緬甸
中國
廣西

寮國
越南
泰國

5個中國自治區

600 km

2014年7月，96人死亡

哈薩克

伊犁哈薩克自治州

雙河市
可達拉市

克孜勒蘇自治州
阿克蘇市
庫車市
鐵門關市
庫爾勒市

吉爾吉斯

塔城市
博爾塔拉蒙古自治州
克拉瑪依市
石河子市
奎屯市

阿勒泰市

宗加里沙漠
北屯市

五家渠市
烏魯木齊市

昌吉回族自治區

蒙古

2014年5月，43人死亡

塔吉克
喀什市
圖木舒克市
阿拉爾市

塔什庫爾干鎮
葉城縣

喀什

巴基斯坦
和闐市

木尕拉鎮　民豐縣
巴音郭楞蒙古自治州

若羌鎮

吐魯番市
哈密市

庫木塔格沙漠

阿克賽欽
印度

帕米爾高原
西藏

塔克拉瑪干沙漠

新疆

2009年種族衝突：200人死亡

崑崙山脈

中國

往蘭州

漢族定居政策

- 2010年州、市人口比例（%）
- ······ 州
- ···· 自治州
- ○ 市-州
- ❸ 直轄市

對外開放，工業化

- 🔺 煤
- 🏭 石化
- ☢ 核能
- ▰▰▰ 鐵路
- ▬ ▬ 高鐵
- ▉ 科技發展

動亂、恐攻、暴力 ★

韓國

1895年甲午戰爭之後，日本併吞朝鮮，這段期間稱為「朝鮮日治時期」，朝鮮半島的人民受到日本的荼毒剝削。1945年，美蘇解放朝鮮，並以北緯38度為界，將朝鮮半島分割成南北兩塊，兩國各自在此建立同盟政權（即現在的北韓與南韓）。1950年，北韓在中國的援助下，試圖侵略由美國防禦的南韓。這場冷戰時代最大的衝突——「韓戰」——在1953年結束，結果維持目前的領土現狀，並且出現兩種專制政權：北方的共產政權（由北京與莫斯科支持）與南方的軍事政權（由美國支持）。

1980年代，南韓成為民主國家。南北韓皆於1991年加入聯合國。

南韓經歷一段非常強勁的經濟發展，國民生產毛額（GNP）排名全球第11，並且成為G20的一員。北韓則維持著自給自足（但事實上資源十分匱乏）的極端專制政權，國家資源幾乎都用於核武的研發，以保障其政權的存續。2011年，金正恩繼承了父親金正日的領導位置，

而金正日則繼承自其父金日成，也就是北韓獨裁政權的創建者。

當前危機

南韓從1998年開始採取「陽光政策」，與北韓維持審慎和睦的相處。2007年後，此政策遭到擱置。南韓（5,100萬人）的目標是讓北韓（2,500萬人）「軟著陸」，逐步實現現代化與開放經濟，避免北韓政權崩潰造成軍事衝突，以及快速統一帶來的衝擊（南韓在經濟上無法承擔）。2016年，北韓進行了一系列核武試驗。聯合國安理會在北京的支持下，投票對北韓進行制裁。

2017年，北韓不斷試射飛彈，引發川普激烈反應，讓國際情勢更為緊張。核武衝突的陰影不僅籠罩平壤，也困擾著華盛頓。川普與金正恩進行了三場引人注目的高峰會，包括2019年6月在板門店非軍事區的會面，讓雙方有了和解的契機，卻未能簽下北韓無核化協議。金正恩無法放棄核武，他認為海珊與格達費被推翻，就是因為他們沒能保有核武。對南韓和日本來說，衝突的代價太大，

但是對北韓來說，這場絕對贏不了的戰爭也只會招致滅亡。

接下來可能的發展

1 美國對北韓祭出最嚴厲的制裁，導致北韓政權自崩，迫使南韓迅速統一，不得不接納及照顧2,600萬貧窮的北韓人民。假如金正恩採取軍事選項，那麼朝鮮半島的政治和經濟都將陷入極度的動盪不安，甚至崩潰。

2 南韓、美國、中國以及國際社會對北韓軟硬兼施，威逼利誘。北韓決定將賭注押在開放計畫上，認為利用國際援助所冒的風險會比繼續鎖國來的小。經濟與政治逐步開放的同時，原本緊張的局勢也會慢慢和緩下來，讓北韓的公民社會萌生微小的可能性。

3 北韓成為地球上最後一個極權政府，害怕一旦開放政權就會垮台，因此持續鎖國。中國和平壤保持微妙的距離，局勢在反覆出現的危機與維持現狀之間僵持膠著。

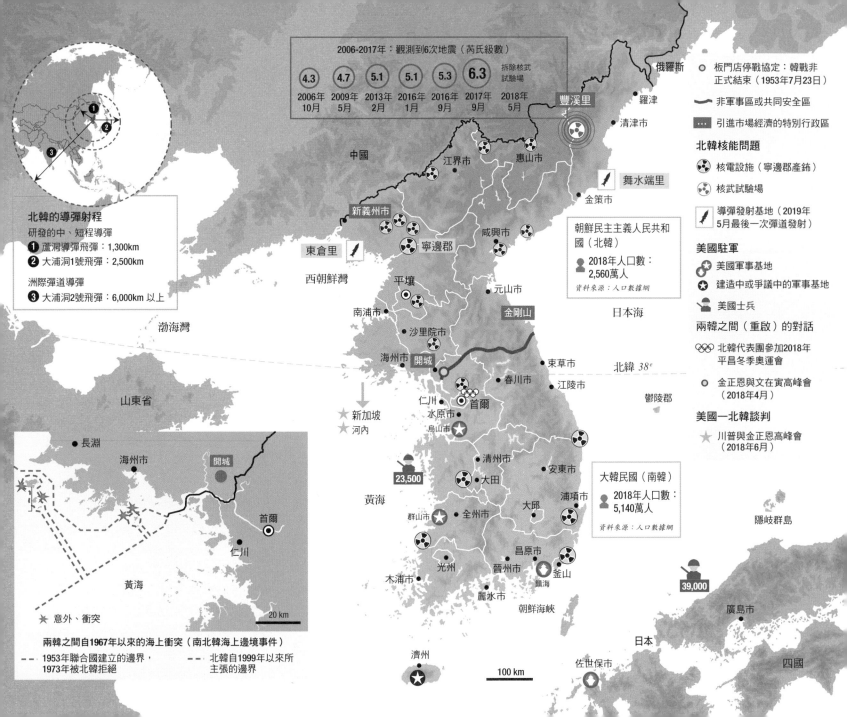

2006-2017年：觀測到6次地震（芮氏級數）

(4.3)	(4.7)	(5.1)	(5.1)	(5.3)	**(6.3)**	拆除核武試驗場
2006年10月	2009年5月	2013年2月	2016年1月	2016年9月	2017年9月	2018年5月

豐溪里

俄羅斯

羅津

清津市

中國

江界市　惠山市

金策市

舞水端里

新義州市

咸興市

寧邊郡

北韓的導彈射程
研發的中、短程導彈
① 蘆洞導彈飛彈：1,300km
② 大浦洞1號飛彈：2,500km

洲際彈道導彈
③ 大浦洞2號飛彈：6,000km 以上

東倉里

西朝鮮灣

朝鮮民主主義人民共和國（北韓）
👤 2018年人口數：
2,560萬人
資料來源：人口數據網

平壤

元山市

南浦市

沙里院市

金剛山

日本海

海州市　開城

束草市

北緯 38ᵉ

江陵市

鬱陵郡

渤海灣

山東省

黃海

春川市

仁川　首爾

水原市

新加坡
河內

烏山市

23,500

清州市

大田

安東市

浦項市

大韓民國（南韓）
👤 2018年人口數：
5,140萬人
資料來源：人口數據網

大邱

隱岐群島

群山市　全州市

昌原市

晉州市　釜山

木浦市　光州

鎮海

39,000

麗水市

朝鮮海峽

廣島市

濟州

日本

佐世保市

四國

兩韓之間自1967年以來的海上衝突（南北韓海上邊境事件）
長淵
海州市
開城
首爾
仁川
黃海

★ 意外、衝突

- - - 1953年聯合國建立的邊界，1973年被北韓拒絕
- - 北韓自1999年以來所主張的邊界

20 km

100 km

◎ 板門店停戰協定：韓戰非正式結束（1953年7月23日）

━ 非軍事區或共同安全區

···· 引進市場經濟的特別行政區

北韓核能問題

☢ 核電設施（寧邊郡產鈽）

☢ 核武試驗場

🚀 導彈發射基地（2019年5月最後一次彈道發射）

美國駐軍

美國軍事基地

建造中或爭議中的軍事基地

美國士兵

兩韓之間（重啟）的對話

北韓代表團參加2018年平昌冬季奧運會

◎ 金正恩與文在寅高峰會（2018年4月）

美國─北韓談判

★ 川普與金正恩高峰會（2018年6月）

緬甸

1937年，英國將緬甸從英屬印度分離出來，使其成為單獨殖民地。1945年，由翁山將軍帶領的緬甸軍隊向日本占領者宣戰。二戰結束後，翁山作為代表，與英國展開關於緬甸獨立的談判，不幸於1947年被暗殺。1948年1月4日，緬甸脫離英國六十多年的殖民統治，成為議會民主制的獨立國家。然而緬甸國內複雜的民族衝突（約有130多個不同民族），導致緬甸軍人干政。1962年，尼溫（Ne Win）將軍發起政變，建立獨裁政權。

1989年，緬甸聯邦軍政府將「緬甸」的英文國名由「Burma」改為「Republic of the Union of Myanmar」。

1988年，眾多學生上街遊行示威，要求建立民主政體，並且發起大罷工，被軍隊暴力鎮壓。翁山將軍的女兒——全國民主聯盟（National League for Democracy, NLD）創辦人翁山蘇姬，被逮捕並且軟禁在住處。1990年，NLD在軍政府舉辦的人民議會選舉中大勝，卻又被宣布選舉無效。1991年，翁山蘇姬獲得諾貝爾和平獎。2005年，基於軍事戰略考量，軍政府將首都從近海的仰光遷至國家中部城市奈比多（Naypyidaw）。

當前危機

2007年，仰光的僧人走上街頭，發起二十年來規模最大的抗議遊行，被緬甸軍隊暴力鎮壓。2008年5月，特強熱帶氣旋侵襲緬甸西南部，造成15萬人死亡，100萬災民流離失所。政府因為擔心會有間諜活動，拒絕了國際援助。基於軍事與經濟利益，中國利用其常任理事國的否決權，阻撓聯合國安理會對緬甸的暴力鎮壓行動做出強硬表態，協助緬甸逃避可能面臨的國際制裁。隨著緬甸軍政府的勢力愈來愈大，克倫族（Karen，信仰上座部佛教與基督教）游擊隊在泰緬邊境建立的民族聯盟也日趨式微。

2011年，當軍政府解散，登盛（Thein Sein）將軍成為總統，緬甸的政治情勢終於出現轉機。他決定釋放政治犯，包括在2012年補選成為眾議員的翁山蘇姬。她的政黨（NLD）在2015年贏得立法選舉，她的心腹碇喬（Htin Kyaw）在2016年當選總統。然而政治的開放與民主化卻沒能讓政府停止對少數民族的鎮壓，尤其是羅興亞人（Rohingya，信仰伊斯蘭）。在1982年緬甸軍政府頒布的公民法中，羅興亞人被剝奪了緬甸公民的身分。武力鎮壓迫使他們大舉逃亡至鄰近國家。

2016年6月以來，激進佛教徒與穆斯林之間的緊張關係有略微緩和的趨勢。然而就在同年10月，政府與羅興亞人之間衝突再起。2018年7月，聯合國對緬甸軍方發表嚴厲控訴，指稱羅興亞人是軍方計畫性種族清洗的受害者，其中有100萬羅興亞難民流亡到孟加拉。翁山蘇姬遭受國際相當大的批評，因為她在面對這樣的種族鎮壓時竟然保持沉默。

接下來可能的發展

1 緬甸政治體制逐漸步入正常化，並加強與外界的關係。由於本身擁有豐富的天然資源，加上外國的投資，讓緬甸得以加入新興國家俱樂部。羅興亞人無法返回家園，被世界遺忘。人們也不再懷疑翁山蘇姬和此次鎮壓有關。

2 雖然政權逐漸開放，但緬甸還是無法和平解決克欽邦（Kachin）、羅興亞人與克倫族等少數民族問題。在分離主義者的推波助瀾下，暴力再起。頻繁的軍事鎮壓讓緬甸再度被國際社會邊緣化。

3 國際壓力加上國家領導人的世代交替，再掀羅興亞危機。

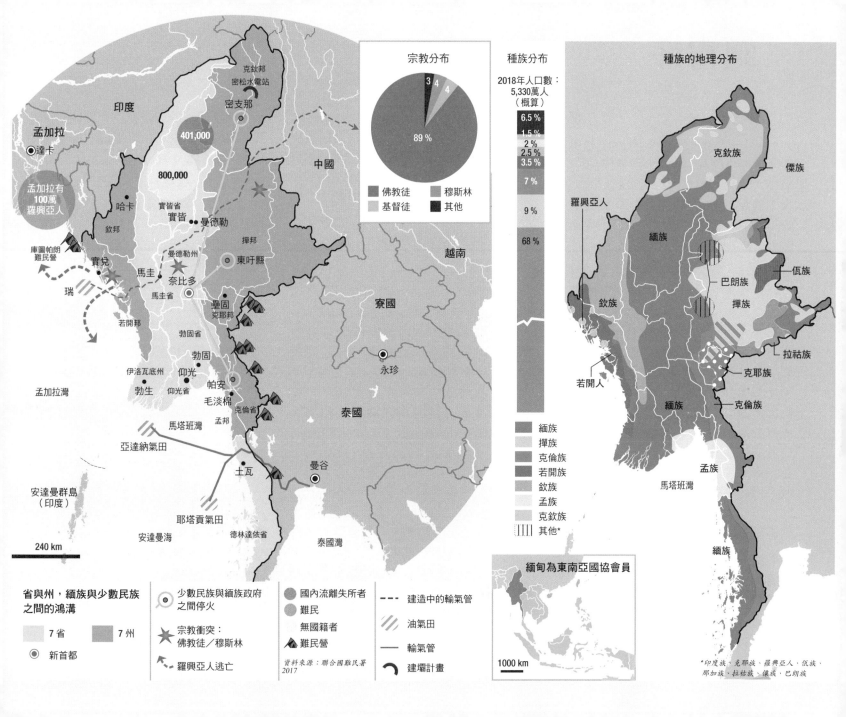

宗教分布

3
4
4
89 %

佛教徒　　　　穆斯林
基督徒　　　　其他

種族分布

2018年人口數：
5,330萬人
（概算）

6.5 %
1.5 %
2 %
2.5 %
3.5 %
7 %

9 %

68 %

緬族
撣族
克倫族
若開族
欽族
孟族
克欽族
其他*

種族的地理分布

克欽族
傈族
羅興亞人
緬族
佤族
欽族
巴朗族
撣族
拉祜族
克耶族
若開人
克倫族
緬族
孟族
馬塔班灣
緬族

*印度族、克耶族、羅興亞人、佤族、
那加族、拉祜族、傈族、巴朗族

克欽邦
密松水電站
密支那
印度
401,000
孟加拉
達卡
800,000
孟加拉有
100萬
羅興亞人
哈卡
實皆省
實皆　曼德勒
欽邦
撣邦
中國
越南
庫圖帕朗
難民營
馬德勒州
曼德勒
實兌
馬圭
瑞
若開邦
勃固省
奈比多
馬圭省
曼固
克耶邦
寮國
永珍
伊洛瓦底州
勃固
仰光
仰光省
帕安
毛淡棉
克倫省
孟邦
泰國
曼谷
孟加拉灣
勃生
馬塔班灣
亞達納氣田
安達曼群島
（印度）
土瓦
耶塔貢氣田
德林達依省
安達曼海
泰國灣
240 km

緬甸為東南亞國協會員

1000 km

省與州，緬族與少數民族
之間的鴻溝

7省　　　7州

新首都

少數民族與緬族政府
之間停火

宗教衝突：
佛教徒／穆斯林

羅興亞人逃亡

國內流離失所者

難民

無國籍者

難民營

資料來源：聯合國難民署
2017

建造中的輸氣管

油氣田

輸氣管

建壩計畫

阿富汗

19世紀至20世紀初，阿富汗是英國與俄羅斯之間權力鬥爭的主要對象，史稱「大博弈」。當時意氣風發的大英帝國，在第一次英阿戰爭中首次遭遇挫敗。冷戰時期，阿富汗宣布不與蘇聯結盟，但仍舊與其保持密切關係。

1978年，親近蘇聯共產黨的阿富汗人民民主黨發動政變。1979年，莫斯科以防止共產政權垮台為由，動用武力入侵阿富汗。然而這場戰爭削弱了莫斯科的實力，更有人稱這場戰爭為「蘇聯的越戰」。以美國為首的西方國家與穆斯林國家都支持阿富汗聖戰組織，它們被視為反共的自由戰士，殊不知其中有許多人後來都變成了共產黨。當戈巴契夫終於意識到這是一場沒有終點的戰爭，他在1988年決定撤軍。曾經繁榮的阿富汗城市因連年戰爭而變得殘破，隨之而來的是種族與軍閥對立的無政府狀態與動盪不安的內亂時期。

塔利班（主要由普什圖人〔Pashtuns〕組成）於1994年興起，1996年掌權，以極端嚴厲的伊斯蘭教法統治阿富汗。它們禁止女人工作或拋頭露面，音樂、運動和休閒活動都被視為無意義而禁止。

起初，塔利班力求恢復和平、安全與秩序，因此受到精疲力竭的人民所支持。然而在國際上只有極少數國家承認它為阿富汗合法政府，其鄰國巴基斯坦為其中之一（因為巴國擔心阿富汗會落入印度的勢力範圍）。後來，阿富汗變成了蓋達組織的避難基地。

當前危機

911攻擊事件之後，塔利班拒絕交出奧薩瑪·賓拉登（Osama bin Laden）。美國在聯合國安理會同意下對阿富汗發動戰爭，推翻塔利班政權。普什圖族的卡爾札伊（Hamid Karzai）上台，卻無法建立權威。2001年12月20日，安理會授權成立駐阿富汗國際維和部隊（International Security Assistance Force, ISAF），共部署了7萬兵力，當中有一半為美國士兵。為了打擊恐怖主義，美國展開「持久自由行動（Operation Enduring Freedom）」，但是因為失誤太多，使得這次行動產生不少爭議。2011年5月，賓拉登在巴基斯坦的一次突襲中喪生。自2015年7月以來領導塔利班運動的曼蘇爾（Akhtar Mansour），也在2016年5月遭到美國無人機襲擊喪生。不過塔利班迅速奪回陣地，不曾停止與喀布爾政府的衝突。而當初為了對抗外國入侵者及異教徒被塔利班私下允許的毒品產業，讓阿富汗成為全世界最大的鴉片與海洛英生產國。

2014年，阿什拉夫·甘尼（Ashraf Ghani）當選阿富汗總統，並且任命他的對手阿卜杜拉·阿卜杜拉（Abdullah Abdullah）為行政長官。雖然美國決定自阿富汗撤軍，但歐巴馬和繼任的川普都決定留下一支約5千兵力的部隊。這場戰爭成為美國迄今所發起最持久的一場戰爭，造成2,400名美軍喪生。

如今塔利班控制阿富汗將近一半的領土。美國則恢復與塔利班之間的和平談判。

接下來可能的發展

1 美國決定將美軍完全撤出阿富汗，塔利班迅速重新掌權並實施伊斯蘭教法，但這些舉動並不會惹怒美國。

2 塔利班與美國之間重啟談判，要美國全面撤軍，但承諾不再收容想對美國發動恐怖攻擊的聖戰分子。於是局勢回到2001年前的模樣。

3 美國仍舊在阿富汗留下一支部隊，讓它可以控制喀布爾和部分阿富汗領土。低強度的衝突依舊持續不斷。

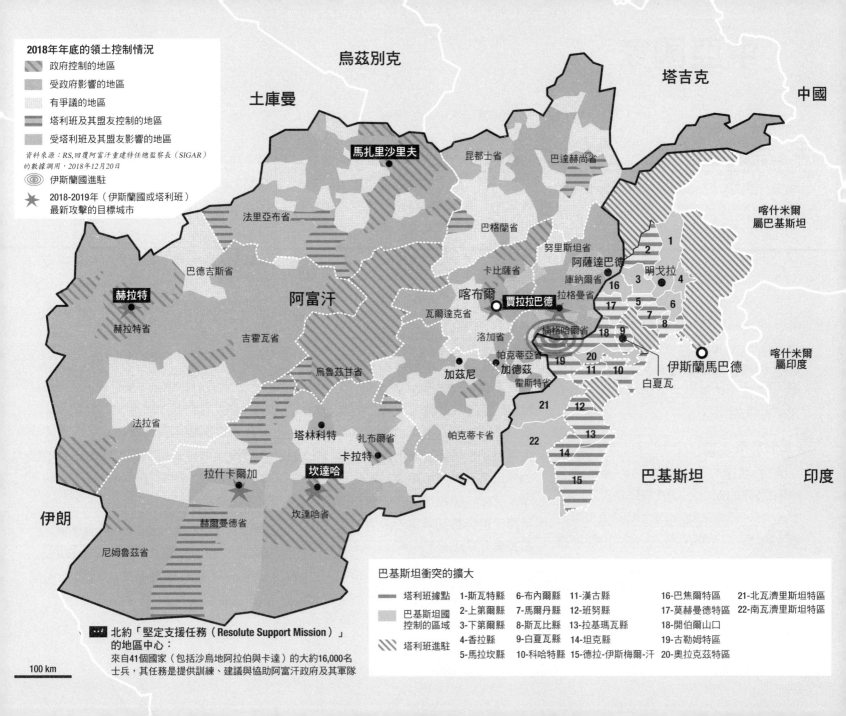

2018年年底的領土控制情況

- 政府控制的地區
- 受政府影響的地區
- 有爭議的地區
- 塔利班及其盟友控制的地區
- 受塔利班及其盟友影響的地區

資料來源：RS,回覆阿富汗重建特任總監察長（SIGAR）
的數據調用，2018年12月20日

- 伊斯蘭國進駐
- 2018-2019年（伊斯蘭國或塔利班）
  最新攻擊的目標城市

烏茲別克
塔吉克
中國
土庫曼
喀什米爾
屬巴基斯坦

馬扎里沙里夫
昆都士省
巴達赫尚省

法里亞布省
巴格蘭省
努里斯坦省

巴德吉斯省
卡比薩省
阿薩達巴德
明戈拉

赫拉特
阿富汗
喀布爾
庫納爾省
喀什米爾
屬印度

赫拉特省
吉霍瓦省
賈拉拉巴德
拉格曼省

瓦爾達克省
洛加省
楠格哈爾省
伊斯蘭馬巴德

法拉省
烏魯茲甘省
帕克蒂亞省
加德茲
白夏瓦

加茲尼
霍斯特省

塔林科特
扎布爾省
帕克蒂卡省

拉什卡爾加
卡拉特
坎達哈

尼姆魯茲省
赫爾曼德省
坎達哈省
巴基斯坦
印度

伊朗

**北約「堅定支援任務（Resolute Support Mission）」
的地區中心：**
來自41個國家（包括沙烏地阿拉伯與卡達）的大約16,000名
士兵，其任務是提供訓練、建議與協助阿富汗政府及其軍隊

100 km

巴基斯坦衝突的擴大

- 塔利班據點
- 巴基斯坦國
  控制的區域
- 塔利班進駐

1-斯瓦特縣	6-布內爾縣	11-漢古縣	16-巴焦爾特區	21-北瓦濟里斯坦特區
2-上第爾縣	7-馬爾丹縣	12-班努縣	17-莫赫曼德特區	22-南瓦濟里斯坦特區
3-下第爾縣	8-斯瓦比縣	13-拉基瑪瓦縣	18-開伯爾山口	
4-香拉縣	9-白夏瓦縣	14-坦克縣	19-古勒姆特區	
5-馬拉坎縣	10-科哈特縣	15-德拉-伊斯梅爾-汗	20-奧拉克茲特區	

中亞國家

長久以來持續朝東邊與東南邊擴張的俄羅斯帝國，切斷了中亞地區國家與土耳其、伊朗的人文連結與資源交換的管道。俄國的殖民也為該地區帶來了某種程度的現代化及工業化，並且建立了開採石油和天然氣的基礎建設。在共產主義得勢的那段時期，伊斯蘭以一種非正式的祕密形式存在於民間。蘇聯統治時期，莫斯科的補助金占每個中亞國家預算的20％至40％，因而讓蘇聯的其他加盟共和國認為中亞是個負擔。想擺脫負擔的欲望，連帶激起俄羅斯某些領導人想瓦解蘇聯的意圖。

當前危機

中亞地區有許多潛在的危機因素，例如邊界的劃定，以及各民族派系之間的衝突，是造成國與國之間關係緊張的根源；國家結構的漏洞、貪腐的政府與脆弱的經濟，讓各種非法交易（包括販毒）與灰色經濟如雨後春筍般出現。儘管在政治和宗教方面沒有自由，許多國家甚至還施行軍事鎮壓，仍阻止不了極端伊斯蘭恐怖主義的發展。上述原因成為塔吉克內戰（1992-1997年）的根源，造成6萬多人死亡。從2001年開始的阿富汗戰爭，把這個地區變成了美軍的後勤基地。某些國家藉此機會靠向俄羅斯和中國，某些國家則利用反恐戰爭來增強自身實力，回絕民主改革。2005年，烏茲別克當局以「反恐」為由，暴力鎮壓反對派的和平示威，直到2016年總統卡里莫夫（Islam Karimov）去世後，國家才迎來真正的民主。2010年，吉爾吉斯的人民發起了反對政府的示威抗議，後來演變成吉爾吉斯和烏茲別克之間的種族衝突，有30萬人吉爾吉斯人逃離國家。然而革命之後，吉爾吉斯終於第一次舉行了近乎民主的選舉。2019年，自獨立以來就擔任哈薩克總統的納札爾巴耶夫（Nursultan Nazarbayev）辭去總統職務，但仍擔任國家安全會議的主席，握著權力不放。

中亞國家的石油與天然氣資源，以及與阿富汗的位置關係，都牽動著俄羅斯和美國之間的「新大博弈」。然而2013年，中國領導人習近平推出了「一帶一路」政策，希望經由中亞連接起歐洲與中國，並計畫在該地區加強重要基礎建設，使得中亞陷入舊俄國勢力與新興中國勢力的拉扯。

水資源的管理與共享，也是中亞地區非常敏感的地緣戰略籌碼。哈薩克與烏茲別克為吉爾吉斯與塔吉克提供石油和天然氣，後者則供應水給前者。吉爾吉斯的水力發電站建設將威脅到這個平衡。

接下來可能的發展

1 當地政府持續強調反恐的重要，好維持中央權力以及對社會的控制。非法交易與伊斯蘭主義持續存在，阻礙了地區發展。俄羅斯與中國不斷地在該地區擴大影響力，兩者互相競爭反而能刺激當地建設。

2 世代的交替，以及北京與莫斯科之間的「權宜妥協（modus Vivendi）」態度，有利於經濟發展與政權逐漸開放，讓華盛頓失去部分影響力。

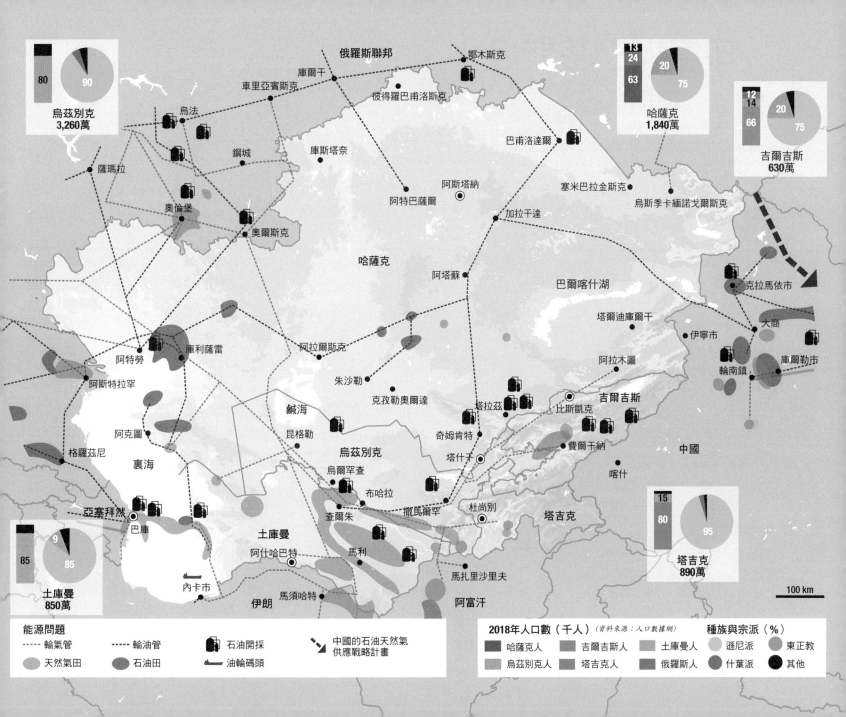

俄羅斯聯邦

鄂木斯克

庫爾干

車里亞賓斯克

彼得羅巴甫洛斯克

巴甫洛達爾

烏法

薩瑪拉

鋼城

庫斯塔奈

塞米巴拉金斯克

烏斯季卡緬諾戈爾斯克

奧倫堡

奧爾斯克

阿特巴薩爾

阿斯塔納

加拉干達

克拉馬依市

哈薩克

阿塔蘇

巴爾喀什湖

大商

庫利薩雷

阿拉爾斯克

塔爾迪庫爾干

伊寧市

庫爾勒市

阿特勞

朱沙勒

阿拉木圖

輪南鎮

阿斯特拉罕

鹹海

克孜勒奧爾達

塔拉茲

比斯凱克

吉爾吉斯

格羅茲尼

昆格勒

奇姆肯特

費爾干納

中國

阿克圖

裏海

烏茲別克

塔什干

喀什

烏爾罕查

布哈拉

撒馬爾罕

杜尚別

亞塞拜然

查爾朱

塔吉克

巴庫

土庫曼

馬利

阿什哈巴特

馬扎里沙里夫

塔吉克
890萬

內卡市

馬須哈特

伊朗

阿富汗

100 km

烏茲別克
3,260萬

哈薩克
1,840萬

吉爾吉斯
630萬

土庫曼
850萬

能源問題

- - - - 輸氣管
- - - - 輸油管
🛢️ 石油開採
➡️ 中國的石油天然氣 供應戰略計畫

天然氣田
石油田
⚓ 油輪碼頭

2018年人口數（千人） (資料來源：人口數據網)

■ 哈薩克人　　■ 吉爾吉斯人　　■ 土庫曼人
■ 烏茲別克人　　■ 塔吉克人　　■ 俄羅斯人

種族與宗派（%）

遜尼派　　東正教
什葉派　　其他

印度與巴基斯坦

///////////////////////////// 背景

1947年，英屬印度被劃分為印度和巴基斯坦兩個國家。然而這一層歷史背景並沒有讓兩國對殖民者同仇敵愾，反而因為土地劃分問題引發了第一次印巴戰爭（喀什米爾戰爭）。巴基斯坦以宗教立國，目的是為印度的穆斯林提供家園。然而甘地（Mahatma Gandhi）與尼赫魯（Jawaharlal Nehru，印度獨立後第一任總理）夢想中的大印度國則是一個可以包容印度教、伊斯蘭和其他宗教信仰的國家。喀什米爾剛好處在這個矛盾點上。它的位置在印度和巴基斯坦之間，基層人民大多為穆斯林，王公貴族則多信仰印度教，統治者（邦主）則希望能維持國家獨立。英國從喀什米爾撤軍後，親巴基斯坦的人民發起暴動，邦主只好向印度求助，卻反而招致印度入侵並占領了部分土地。對巴基斯坦來說，基於宗教認同應與喀什米爾合併；對印度來說，喀什米爾穆斯林的融入，象徵著印度聯邦所宣示的價值——這讓喀什米爾的主權成為一個難解的宗教問題。在1965年和1971年，兩國爆發大規模戰爭，結果導致孟加拉（當時稱為「東巴基斯坦」）脫離巴基斯坦獨立。接著，印巴兩國先後開發出核子武器，卻還是無法阻擋巴基斯坦恐怖組織在喀什米爾及印度（孟買）的攻擊行動。

當前危機

蘇聯入侵阿富汗，以及911攻擊事件後美軍出兵阿富汗，讓巴基斯坦的戰略重要性大為提升，也使得美國無法完全放棄巴基斯坦轉而支持印度。

印度拒絕讓衝突國際化，也不支持喀什米爾的民族自決，因為它認為這會讓情勢變得對喀什米爾有利，進而失去對當地的控制。巴基斯坦的政權不穩定，在國際上又被印度孤立，長時間籠罩在被印度統治的不安之中。兩國都擁有核武，雖然防止了大規模對抗，卻杜絕不了小型武裝衝突（2008年的孟買恐怖攻擊造成137人死亡），在1999年還引發了卡吉爾戰爭。印度在經濟與外交上都有不錯的發展，反觀巴基斯坦，因阿富汗問題而始終扮演著戰略要角。

2014年5月，民族主義者納倫德拉·莫迪（Narendra Modi）當選印度總理。令所有人驚訝的是，他主動提出應和巴基斯坦政府展開對話。

原以為印巴外交關係會出現轉機，然而喀什米爾的問題和莫迪的民族主義讓兩國最後仍以斷交收場。2019年，印度將喀什米爾的一場自殺性攻擊歸咎於巴基斯坦恐怖組織，印度空軍隨即對巴基斯坦進行空襲。

接下來可能的發展

1 維持現狀：印度的國力讓它得以持續控制喀什米爾，巴基斯坦則持續作亂，雖然無法改變力量平衡，卻足以阻礙該地區的穩定和發展。

2 兩國都著眼於未來：印度希望加速現代化，巴基斯坦希望開始現代化。雙方因中國的一帶一路計畫而展開對話，巴基斯坦的經濟也開始發展。

3 因不滿巴基斯坦當局和美國走得太近，以及對整個社會感到不滿，激進伊斯蘭分子想辦法奪得政權，並且把腦筋動到巴國的核武上，進而引發國際危機。

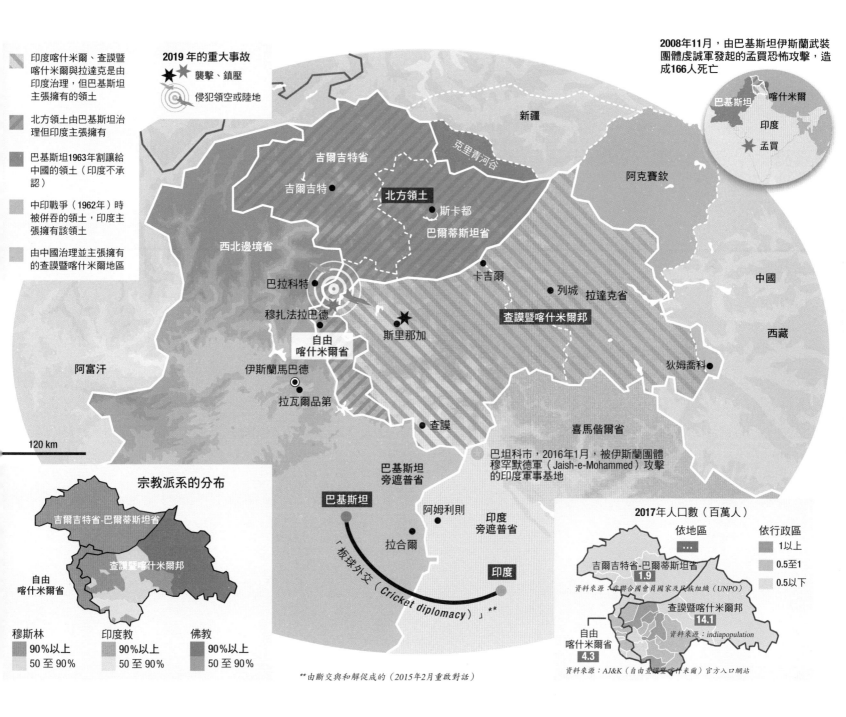

印度喀什米爾、查謨暨喀什米爾與拉達克是由印度治理，但巴基斯坦主張擁有的領土

北方領土由巴基斯坦治理但印度主張擁有

巴基斯坦1963年割讓給中國的領土（印度不承認）

中印戰爭（1962年）時被併吞的領土，印度主張擁有該領土

由中國治理並主張擁有的查謨暨喀什米爾地區

2019 年的重大事故

★ 襲擊、鎮壓

◎ 侵犯領空或陸地

2008年11月，由巴基斯坦伊斯蘭武裝團體虔誠軍發起的孟買恐怖攻擊，造成166人死亡

巴基斯坦
喀什米爾
印度
★ 孟買

新疆

克里青河谷

吉爾吉特省

北方領土

斯卡都

阿克賽欽

吉爾吉特

巴爾蒂斯坦省

西北邊境省

卡吉爾

列城

拉達克省

中國

巴拉科特

穆扎法拉巴德

自由喀什米爾省

斯里那加

查謨暨喀什米爾邦

西藏

伊斯蘭馬巴德

狄姆喬科

阿富汗

拉瓦爾品第

查謨

喜馬偕爾省

120 km

巴坦科市，2016年1月，被伊斯蘭團體穆罕默德軍（Jaish-e-Mohammed）攻擊的印度軍事基地

巴基斯坦旁遮普省

阿姆利則

印度旁遮普省

宗教派系的分布

巴基斯坦

板球外交（Cricket diplomacy）」**

印度

拉合爾

吉爾吉特省-巴爾蒂斯坦省

查謨暨喀什米爾邦

自由喀什米爾省

2017年人口數（百萬人）

依地區
...

依行政區
1以上
0.5至1
0.5以下

吉爾吉特省-巴爾蒂斯坦省 **1.9**

資料來源：非聯合國會員國家及民族組織（UNPO）

查謨暨喀什米爾邦 **14.1**

資料來源：indiapopulation

穆斯林
90%以上
50 至 90%

印度教
90%以上
50 至 90%

佛教
90%以上
50 至 90%

自由喀什米爾省 **4.3**

資料來源：AJ&K（自由查謨暨喀什米爾）官方入口網站

自由喀什米爾省

**由斷交與和解促成的（2015年2月重啟對話）

未來的可能狀況

冷戰結束後三十多年，90年代的西方幻覺消失，危機與衝突仍舊是風景的一部分。觸發危機與衝突的原因通常來自國內與地方（以前是這樣，未來也會是這樣），外界的干涉則經常讓問題更嚴重，而不是平息問題。結束衝突永遠比觸發衝突更加困難！

解決危機與衝突要靠地方上的實際參與者，以及眾多來自國際的參與者，像是國家或實際的組織，而不是寄望尚待建立的「國際社會」神話，或是比以往任何時候都更不完美的「全球治理（global governance）」。在2019年，有三個主要問題主導了國際局勢：中國與美國在南海與亞太地區的對峙，以及為了掌控全球數位科技所進行的較量；中東地區的一連串衝突；北約與俄羅斯的關係。

美國依舊是主角，
而且會維持很長一段時間

2016年，川普當選美國總統給全世界帶來了衝擊，跌破大多數觀察家的眼鏡。他們都低估了美國人民意見分歧的程度。川普表示要以美國自身的利益為主，重新制定外交政策，同時指責歐巴馬把美國變弱了。他要讓美國再次偉大。

2008年當選統總的歐巴馬吸引了全世界的目光。他的天分、才智與魅力，令人感到無比耀眼。他的外交政策，很明顯地，想走一條和前任小布希完全相反的路，尤其是對阿拉伯穆斯林和俄羅斯方面。他不是歐洲式的「多邊主義者」，也盡量讓自己不要顯露出像小布希一樣單邊且充滿挑釁的粗暴言行。可惜他未能讓以色列和巴勒斯坦簽下和平協議，也沒能和俄羅斯建立合作關係。歐巴馬不想讓他的國家再次介入中東，尤其是敘利亞，他覺得亞洲的挑戰——事實上就是中國——才是當務之急。最終，他留給世界一點想望。2016年，美國人根據他們奇怪的選舉制度，選上了川普，而不是希拉蕊‧柯林頓。

在國際關係上，川普基於「讓美國再次偉大」這個過於簡單的口號，實踐一種粗暴且自私的單邊主義（有時還被誤認為是孤立主義）。但他最希望做到的還是擺脫任何有約束力的多邊承諾（對北約存疑），並且在軍事、貨幣與貿易（美國優先〔America First〕）各方面，強迫世界接受美國霸權，包括他想攔阻的中國。而這是他唯一受到包括民主黨在內的頗為廣泛支持的論點。季辛吉與鄧小平的長期政策到此結束。與中國較量的結果是無法預測的。川普想和俄羅斯建立更有競爭力的關係，但這個願望並沒有得到普丁的推波助瀾，甚至還被暗中破壞。在川普的總統任期內，全世界的——甚至西方世界以外的——「進步主義者」皆陷入深深的慌亂不安。

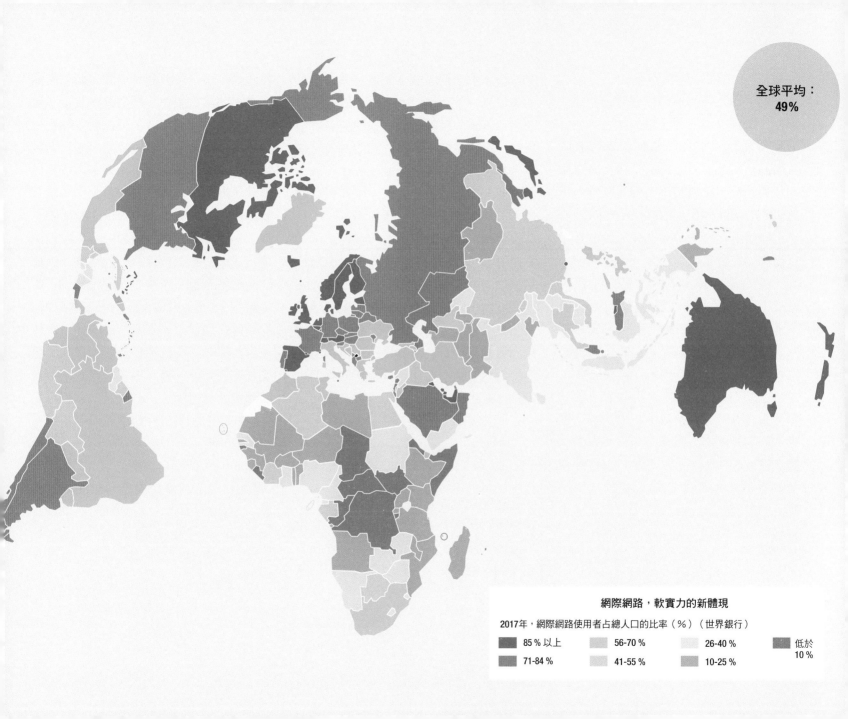

全球平均：
49%

網際網路，軟實力的新體現

2017年，網際網路使用者占總人口的比率（％）（世界銀行）

85％以上	56-70％	26-40％	低於10％
71-84％	41-55％	10-25％	

歐盟對自己的軟實力深具信心

直到2016年之前，也就是英國脫歐（Brexit）之前，儘管早已有人民意見分歧的跡象，歐盟領導人對其軟實力仍舊表現出深具信心的樣子。然而他們卻未能將這種信心轉變為真正的力量，也從來不在計畫中。而我們可以合理懷疑，擁有這般經濟實力的歐盟，是否會成為具有戰略能力的全球力量，而不僅僅滿足於扮演道德、慈善與博愛的角色。我們很願意相信其「民族國家聯邦（Fédération d'États-nations）」*模式是可以輸出的。事後來看，除非歐洲人認為這是在混亂的世界中捍衛他們切身利益的唯一方法，否則「歐盟」將無法成為強權。即使面對川普些許粗暴的挑釁，他們還是離心離德、綁手綁腳。歐盟在2015至2016年之間遭遇到嚴重衝擊：希臘危機、歐元疲軟、恐怖分子威脅、英國脫歐公投，還有對於尋求庇護的難民和大量移民帶來的多元文化社會（包括穆斯林）的意見分歧等，加深了原本主張積極整合的少數與多數公民（真正的反歐盟者、懷疑論者、多數黨、少數挺歐派等）之間的鴻溝，讓整個體制更加不穩定。離開歐盟，意味著需要解釋制度（比里斯本條約更具說服力），要釐清地理位置與身分（土耳其讓這個問題更顯重要且有待解決），更要弄明白歐洲想在世界上扮演的角色和採取的政策——是否追求成為世界強權？然而，無可避免的合法擴張，讓歐盟的統一戰略問題變得更困難，從而讓歐洲強權的願景變得更渺茫。2019年任命的新執委會主席能否帶來新的動力，還有待觀察。

俄羅斯的覺醒

在1990年代被忽視，甚至被鄙視的俄羅斯並沒有消失。來到21世紀初，它開始捲土重來，尤其是在烏克蘭、敘利亞和非洲一帶。假如它和美國建立新的合作關係（不排除彼此警惕），假如歐洲主要大國確立了它們的俄羅斯政策（接受什麼、不接受什麼），那麼，即使無法驗證，我們還是可以認為，俄羅斯或許也不願意和周邊國家起衝突，也想提出解決辦法。無論如何，美國仍舊將這個國家視為冷戰的戰敗國，而東歐國家則擔心它依舊充滿侵略的野心。歐洲似乎正逐漸重建起一種冷戰的氛圍。俄羅斯的強勢復甦，讓普丁在國內的支持率超過80%。他在2018年的總統選舉中輕易地達成連任，並且直接或間接地行使他自2000年以來的權力。若有爭議，那也是出於社會因素，不是地緣政治。在美國和北約方面，川普說希望和俄羅斯「好好相處」，但美國整個體制都反對了這個可能性。

*編按：為法國經濟學家雅克·德洛（Jacques Delors）在1990年代所提出的概念，企圖透過此一聯邦加強歐洲集體行動的可能性與合法性，鼓勵文化多樣性與政治統一性並存。

墨西哥

俄羅斯

南韓

台灣

菲律賓

中國

越南

孟加拉 泰國

馬來西亞

哥倫比亞

印度

新加坡

印尼

土耳其

科威特
卡達
阿拉伯
聯合大
公國

埃及 沙烏地
阿拉伯

智利

巴西

衣索比亞

阿根廷

奈及利亞

南非

新興國家的崛起

新興大國的BRICS或一帶一路工商
協會聯盟（Belt & Road Industrial and
Commercial Alliance）組織

其他新興國家

2017年國內生產毛額（GDP）
（單位：10億美元）

20,000

10,000

5,000

2,500
1,000
500
200

資料來源：2017年世界銀行

以中國為首的新興國家繼續攀升

在2015至2016年的經濟成長急遽下滑之前，大家都在問中國與新興國家——印度、巴西、南非、墨西哥，當然還有其他國家——要如何管理它們的新力量。它們會滿足於其不斷上升的經濟實力，還是更近一步尋求戰略能力？是本著歷史的報復，甚至幾個世紀的殖民復仇精神；還是追求利益與新承諾，甚至像中國那樣的霸權野心，在各種多邊領域內改變？總之，它們將漸漸改變聯合國、安理會、世界貿易組織、國際貨幣基金組織（IMF）等機構的內部權力關係。

2009年6月，四個最主要的新興國家——金磚四國（BRIC，巴西、俄羅斯、印度、中國）——首次在俄羅斯聚會。後來南非加入，並舉行了年度高峰會。除了否認西方的統治，它們的策略並不真正一致。但不可否認一個重要的事實，那就是自2012年習近平上台以來，中國的華麗崛起便主宰著全球局勢。自鄧小平時代以來逐漸壯大的中國，在各個層面表現出難以置信的力量，並且透過「一帶一路」體現出來。它甚至開始發展新的金融制度，以規避西方國家在1945年建立的體系。一場巨大的崛起牽動著這個世界，卻將西方國家排除在外。目前，除了與鄰國和睦相處，新興國家對於減少世界衝突的貢獻和影響力仍舊有限。然而，俄羅斯和中國作為安理會的常任理事國，還是擁有牽一髮而動全身的影響力。印度似乎並沒有積極建立它在國際舞台的影響力，而巴西在魯拉（Lula）領導下揮霍數年之後，輪到博索納洛時也收斂了許多。而它們都無法讓世界變得更穩定與確定。

多邊主義的未來會如何？

從1945年之後建置的整個多邊體系——聯合國、國際貨幣基金組織、世界銀行、關稅暨貿易總協定、世界貿易組織——都被川普給削弱了。在川普之前，人們認為五個常任理事國與新勢力國家終將同意擴大聯合國安理會，賦予它新的合法性，讓它的組成更符合當前世界的狀況。如此一來，聯合國便可以找回《聯合國憲章（*Charter of the United Nations*）》的精神，並且在常任理事國同意的情況下，履行該創始文本所規定的有關集體安全的責任——這是G20不能也不打算去做的領域。屆時我們才有資格稱得上是真正的「聯合」國。但中國跟美國一樣，反對安理會的所有改革；它們的否決權可以凍結任何改革。新舊兩極之間的對立與競爭，讓達成共識變得難上加難。無論如何，這些（非常一體化的）希望因川普的當選而幻滅了：他擺脫了多邊主義與國際合作的相對限制，但我們知道，這些限制是無可替代的……多邊架構將持續存在，而合作形式或許將以某種特定任務的臨時性聯盟形式重生。

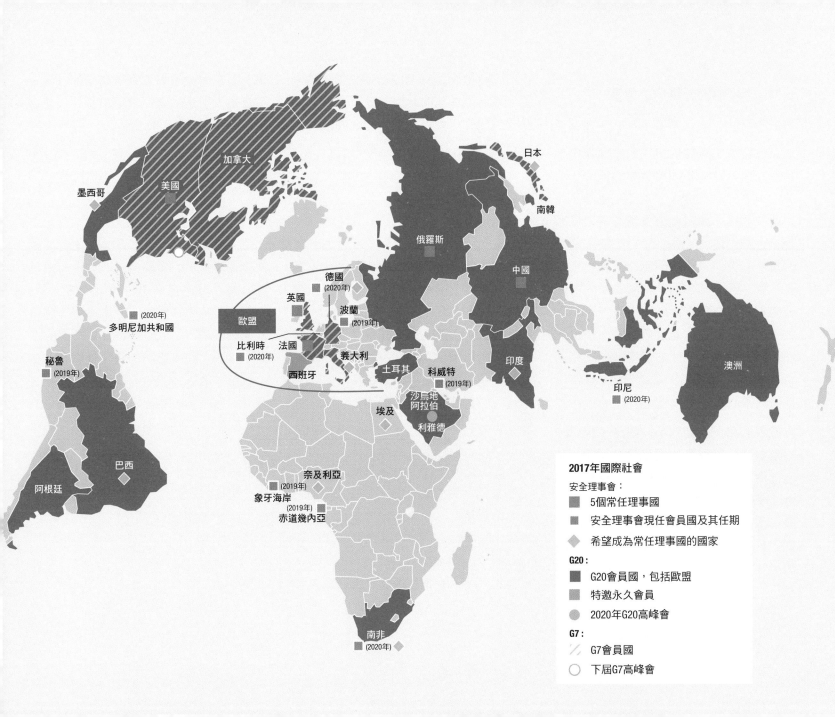

墨西哥

加拿大

美國

日本

南韓

多明尼加共和國
(2020年)

秘魯
(2019年)

巴西

阿根廷

俄羅斯

中國

德國
(2020年)

英國

歐盟

比利時

法國

義大利

波蘭
(2019年)

土耳其

科威特
(2019年)

沙烏地
阿拉伯

利雅德

印度

印尼
(2020年)

澳洲

西班牙

埃及

奈及利亞
(2019年)

象牙海岸
(2019年)

赤道幾內亞

南非
(2020年)

2017年國際社會

安全理事會：

■ 5個常任理事國

■ 安全理事會現任會員國及其任期

◆ 希望成為常任理事國的國家

G20：

■ G20會員國，包括歐盟

■ 特邀永久會員

● 2020年G20高峰會

G7：

╱ G7會員國

○ 下屆G7高峰會

輿論的分量愈來愈重

在擁有自由媒體的現代民主國家中，甚至在所有資訊和網路發達的國家，輿論的影響力愈來愈大，也愈來愈深。為了解決衝突，政府愈來愈難忽略民眾的聲音，甚至是其他深具影響力的國家的民意——與民意背道而馳的代價愈來愈高。許多西方國家與新興國家的公民社會將輿論視為民主運動的進步，實際上卻是一把雙面刃。悲劇發生時，輿論的怒火因為資訊透明而愈燒愈旺，更不用說被操控的資訊會讓輿論像野火一樣迅速蔓延開來。

此外，和一般認知不同的是，民主，對那些從中獲利者來說是最有利的體制（即使他們對此心存懷疑）；但是對其他人來說，民主可不等於和平的代名詞。人民追求的不外乎安穩與安全。他們對於政客允諾的安全非常敏感，有時因無法忍受冗長且充滿不確定的談判過程，反而被迅速又直接的動武選項給吸引。隨著全球化的發展，各族群間對於身分認同的焦慮也逐漸增加，甚至可能演變成衝突，或是讓衝突加劇。

新興威脅的全球化

全球化讓遊走在灰色地帶的非國家恐怖組織、黑手黨和各種走私販子得以擴大它們的「市場」。大家知道嗎？911攻擊行動只花了蓋達組織10萬美元。當時美軍反恐戰爭的開支高達3千億美元，來到現在這些費用恐怕只會翻倍。2015年11月13日在巴黎發生的恐怖攻擊，恐怖分子只花了3萬歐元。某些犯罪活動則是利用相對穩定的局勢來獲取利益，例如販毒是哥倫比亞、薩赫爾地區和中亞主要的收入來源，以及人口（非洲移民）、藝術品、保育動物等走私，皆可獲得大量資金——這些活動占全球GDP的5%。資訊與通訊技術的進步既提升了貿易的便利，也使社會與國家變得更脆弱。衝突與競爭擴大到網路空間，成為有時難以識別的潛在攻擊來源，以及導致錯誤決策的另一項因素。

如何找到新的解決方式？

總而言之，世界國家的多樣發展與倍數成長（1945年聯合國成立時有51個會員國，現在會員國的數目倍增為193個）、非政府組織的成立與發展、輿論影響力的擴大、全球性企業規模的成長、非法次國家集團的決定性影響，諸如此類，讓國際組織的決策過程變得更慢、更複雜、更不確定、更難預料，有時甚至癱瘓。相對地，資訊、事件和人們的反應卻來得愈來愈快。某些非政府組織能夠有效率地協助解決衝突，但它們沒有權力做決定，也沒有權力強制執行。世界毫無秩序可言。

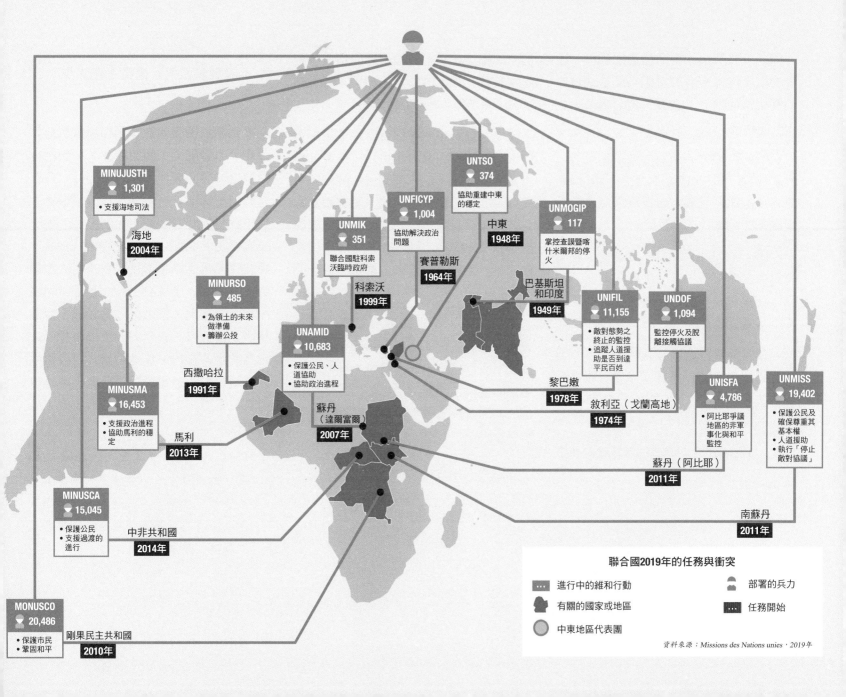

MINUJUSTH ♟ 1,301
· 支援海地司法

海地
2004年

MINURSO ♟ 485
· 為領土的未來做準備
· 籌辦公投

西撒哈拉
1991年

MINUSMA ♟ 16,453
· 支援政治進程
· 協助馬利的穩定

馬利
2013年

MINUSCA ♟ 15,045
· 保護公民
· 支援過渡的進行

中非共和國
2014年

MONUSCO ♟ 20,486
· 保護市民
· 鞏固和平

剛果民主共和國
2010年

UNMIK ♟ 351
聯合國駐科索沃臨時政府

科索沃
1999年

UNAMID ♟ 10,683
· 保護公民、人道協助
· 協助政治進程

蘇丹
（達爾富爾）
2007年

UNFICYP ♟ 1,004
協助解決政治問題

賽普勒斯
1964年

UNTSO ♟ 374
協助重建中東的穩定

中東
1948年

UNMOGIP ♟ 117
掌控查護暨喀什米爾邦的停火

巴基斯坦和印度
1949年

UNIFIL ♟ 11,155
· 敵對態勢之終止的監控
· 追蹤人道援助是否到達平民百姓

黎巴嫩
1978年

UNDOF ♟ 1,094
監控停火及脫離接觸協議

敘利亞（戈蘭高地）
1974年

UNISFA ♟ 4,786
· 阿比耶爭議地區的非軍事化與和平監控

蘇丹（阿比耶）
2011年

UNMISS ♟ 19,402
· 保護公民及確保尊重其基本權
· 人道援助
· 執行「停止敵對協議」

南蘇丹
2011年

聯合國2019年的任務與衝突

···· 進行中的維和行動

♟ 有關的國家或地區

⭕ 中東地區代表團

♟ 部署的兵力

···· 任務開始

資料來源：Missions des Nations unies，2019年

因此，要解決本書所描述的危機，除了參與衝突者本身的意志（或是就讓他們互相消耗殆盡）之外，還需要以下其中一個辦法：

• 牽涉其中的每個國家齊心克服分歧，解決衝突，那麼所謂真正的「國際社會」一詞才有意義。但這種情況幾乎從來沒有發生過。

• 無論是否有盟友協助，美國都能利用多邊機制與平台，成功啟動，甚至強迫執行解決方案。但是川普在任時的美國卻反其道而行。

• 在與莫斯科重啟談判的前提下，美國找到解決凍結在舊蘇聯邊界上連串衝突的方法。目前，美國的「深層政府（Deep State）」*阻止了這種情況。

• 一些臨時組成的聯盟都是以軟硬兼施的方式解決非洲和其他地區的衝突，但是唯有建立強大的國家，和平才能維持下去。這仍舊是有可能做到的。

在這些情況中，採取行動的不是聯合國或其他國際組織，也不是「公民社會（civil society）」，而是強大的國家，或以其名義行事且或多或少將其做法載入多邊架構或程序中的特設組織。要讓衝突永久解決，強國之間必須互相合作。雖然美國不信這套，但這麼做並非不可能。

總體來說，失去霸權與影響力的西方國家應該做好準備，和中國及新興國家就未來世界的組織進行重大談判或一系列的妥協。在此之前，最好先尋求合作，共同解決本書中所探討的50多個衝突事件。

不論表象如何，衝突正在減少！

雖然關於衝突的數字明顯增加且持續存在，但實際上，衝突減少了，包括近期激增的暴力事件都算進去的話，死亡人數還是比前一、兩個世代少了很多。假如我們將大型衝突定義為每年造成1千多人喪生，小型衝突為25至999人喪生，那麼我們可以歸類出目前有八場大型衝突（敘利亞、伊拉克、利比亞、阿富汗、巴基斯坦、剛果民主共和國、奈及利亞、南蘇丹）和大約三十場小型衝突正在發生。在1991年的時候，這些數字分別是13場和51場。這不代表世界比以前更穩定了，但至少這樣的進步令人感到有些希望。

*譯註：一種陰謀論說法，指非經民選，由政府官僚、公務員、軍事工業複合體、金融業、財團、情報機構等組成，為保護其既得利益，幕後真正實際控制國家的集團。

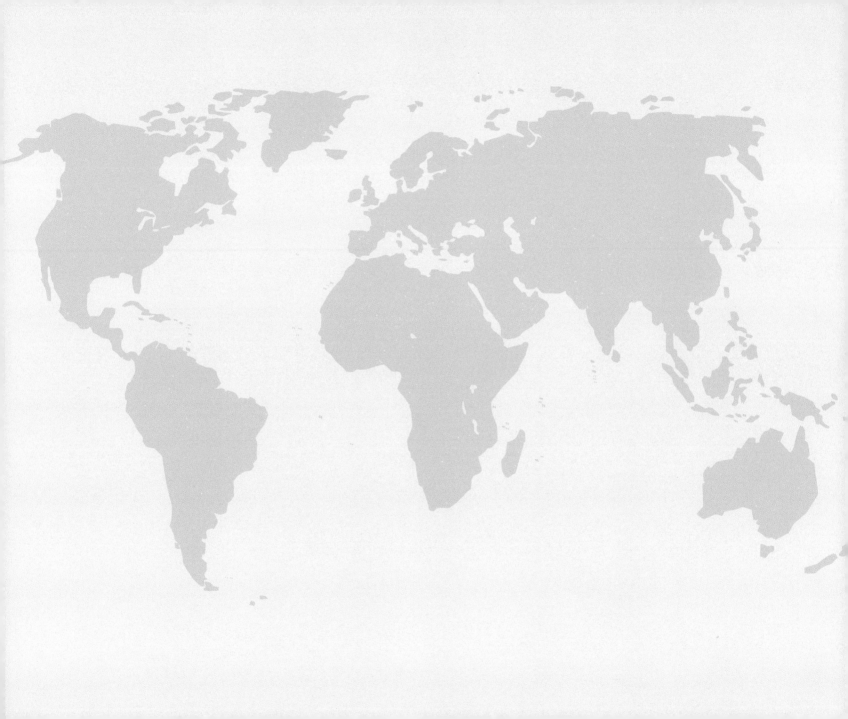

本書系列作品

最新世界情勢地圖
從各國觀點出發,用地圖建構你的國際觀

最新世界衝突地圖：解析區域衝突，了解全球局勢 /
帕斯卡·博尼法斯（Pascal Boniface），于貝爾·凡德
林（Hubert Védrine）著；林舒瑩譯 .– 初版 .– 臺北市
: 如果出版：大雁出版基地發行 , 2021. 07
面；公分
譯自：ATLAS DES CRISES ET DES CONFLITS
ISBN 978-986-06627-7-1（平裝）

1. 地緣政治 2. 國際政治 3. 國際關係

571.15　　　　　　　　　　　　　 110009900

最新世界衝突地圖：解析區域衝突，了解全球局勢
ATLAS DES CRISES ET DES CONFLITS

作　　　者──帕斯卡·博尼法斯（Pascal Boniface）、于貝爾·凡德林（Hubert Védrine）
譯　　　者──林舒瑩
封面設計──江孟達
特約編輯──吳愉萱
執行編輯──邱顯惠
責任編輯──劉文駿
行銷業務──王綏晨、邱紹溢
行銷企劃──曾志傑
副總編輯──張海靜
總 編 輯──王思迅
發 行 人──蘇拾平
出　　　版──如果出版
發　　　行──大雁出版基地
地　　　址──台北市松山區復興北路 333 號 11 樓之 4
電　　　話──02-2718-2001
傳　　　真──02-2718-1258
讀者傳真服務──02-2718-1258
讀者服務信箱──andbooks@andbooks.com.tw
劃撥帳號──19983379
戶　　　名──大雁文化事業股份有限公司
出版日期──2021 年 7 月 初版
定　　　價──499 元
I S B N──978-986-06627-7-1

Originally published in France as:
Atlas des crises et des conflits, by Pascal BONIFACE & Hubert VEDRINE
© Armand Colin, 2019 pour la 4e édition, Malakoff
ARMAND COLIN is a trademark of DUNOD Editeur – 11, rue Paul Bert- 92240 MALAKOFF.
Traditional Chinese language translation rights arranged through The Grayhawk Agency, Taiwan.